はじめに

目白大学　教授
原　克彦

　本書は、情報モラルに関する年間100事例を超える豊富な授業実践の中での児童生徒へのアンケート、発問に対する反応などをもとに、今日的な課題10項目を平準的な指導案にまとめた事例集です。

　子ども達の多くは、スマートフォンやゲーム機をはじめとするさまざまな情報端末を利用して、無料のアプリやゲーム、動画や写真、SNSなどをその特性を理解せずに使っているケースが増加しています。その結果、ネット依存やネット詐欺、不正請求、SNS、セキュリティ等のトラブルに巻き込まれるケースが増加しています。また、今後出現する新しい技術やサービスと共に発生する新たな課題も考えられます。しかし、学校と教員がこれらの問題に割ける時間は限られています。そこで、本書では、流行に左右されない不易の内容を児童生徒に正しく伝え、自分自身で判断できる力の育成を提案しています。さらに、学校だけでなく家庭の協力が得られるように、保護者がインターネットの特性や子どもの利用傾向を把握し、学校と家庭が一体となって情報モラル教育に取り組めるような構成にしています。児童生徒がインターネットや情報端末などを適切に活用する力と態度の育成に役立つことができれば幸いです。

熊本大学　准教授
前田　康裕

　私が教育センターの指導主事として教職員を対象にして情報モラル教育の研修を行っていた頃のことです。多くの受講者から「自分自身がネットのことを知らないので、どのように指導すればよいのかわからない。」「ネットのトラブルばかり聞いているので、『ネットは危険』という印象を持ってしまう。」といった悩みをよく聞いていました。情報モラル教育の必要性はわかっていても、具体的な指導の段階になると、教師の経験だけでは不安な面があるのだといえましょう。

　しかし、未来を生きる子ども達にとっては、ネット社会をたくましく生きる力が求められています。「ネット社会の賢い使い手」となり、それぞれの知恵を働かせて問題を解決していく力が必要不可欠となっているのです。そのためには、ネット利用の危険性だけを強調するのではなく、子ども達自身に本質的なことを考えさせる授業が求められています。

　本書は、そのような授業が誰にでもできるような内容になっています。「重要な発問」「ここがポイント」「考える時間」などの授業の進め方がわかりやすく示されており、教材はネットを通してダウンロードできます。多くの教師にとって、指導への不安を解消できる画期的な一冊となっていくことでしょう。

もくじ ▶

はじめに ………………………………………………………………	1
もくじ・本書の使い方 …………………………………………………	2
序論 スマホ世代の情報モラル教育が目指すもの …………………	4
実践事例▶1 動画サイトで気をつけること ………………………	10
実践事例▶2 アプリの利用と個人情報 ……………………………	16
実践事例▶3 インターネット上での安全なやり取り ……………	24
実践事例▶4 ネットへの投稿について考えよう …………………	32
実践事例▶5 インターネットを利用する時のルールを考えよう …	40

本書の使い方 ▶

Step 1 実施する授業を選ぶ

● 付録のアンケートを実施し、クラスの実態をつかみます。
● クラスの実態に応じて、下記の対応表から、実施する授業を選びます。
（アンケートの実施方法および実施する授業の選び方は、P.3のURLをご参照ください。）

学ばせたい内容	キーワード	対象学年 校種	対応する 実践事例
動画サイトとのつきあい方を学ばせたい	動画サイト ルール作り	小学校低学年 小学校中学年	①
インターネット利用時のルールについて学ばせたい	アプリのインストール 個人情報 投稿トラブル ネットいじめ	小学校中学年 小学校高学年 中学	② ③ ④
インターネット利用時のルール作りをさせたい	投稿ルール ネットいじめ ネット依存	小学校高学年	④ ⑤
		中学 高校	⑧
インターネット上でのコミュニケーションについて学ばせたい	SNS ネットいじめ グループ機能	中学 高校	⑦ ⑨ ⑩
情報の読み解き方を学ばせたい	情報発信・拡散 批判的思考	中学 高校	⑥ ⑨
スマートフォンとのつきあい方について学ばせたい	SNS 積極的活用	中学 高校	⑧ ⑨ ⑩

実践事例▶6	情報の信頼性・信憑性	48
実践事例▶7	文字によるコミュニケーション	58
実践事例▶8	ネット依存とルール	66
実践事例▶9	スマートフォンのポジティブな使い方	74
実践事例▶10	メッセージアプリによるコミュニケーション	82
付録	アンケート集	88
参考文献		94
おわりに		95

Step 2 授業の準備

- 下記のURLから授業で使用するスライド資料をダウンロードします。
- 各実践事例に掲載しているワークシートを印刷します。
- 下記のURLから保護者用の文書をダウンロードし、印刷します。
  （保護者用文書は、学校名を入れてお使いください。）

Step 3 授業の実施

- 「授業の展開」にもとづいて、授業を実施します。

教師の発問・発言。

重要な発問	授業のポイント、キーとなる発問です。
ペア活動 / グループ活動	児童生徒間での意見の交流を求めます。
考える時間	児童生徒の思考活動のための時間を設けます。
ここがPOINT	授業のポイント、キーとなる教師の発言です。

Step 4 保護者との共有

- 保護者用の文書を配付し、授業の内容や家庭での事後指導を保護者と共有します。

資料提供サービスサイト ▶
https://www.nipponhyojun.co.jp/johomoral/

序論 ▶

スマホ世代の
情報モラル教育が目指すもの

1.これからの情報モラル教育の提案

　中央教育審議会、初等中等教育分科会教育課程部会「次期学習指導要領等に向けたこれまでの審議のまとめについて（報告）」（2016）では、子どもに育成を目指す資質・能力として、生きて働く「知識・技能」の習得、未知の状況にも対応できる「思考力・判断力・表現力等」の育成、学びを人生や社会に生かそうとする「学びに向かう力・人間性等」の涵養、の三つの柱が掲げられています。

　では、情報モラル教育では、どのような能力を育成するのでしょう。「情報モラル」とは、「情報社会で適正な活動を行うための基になる考え方と態度」であり、具体的には、他者への影響を考え、人権、知的財産権など自他の権利を尊重し情報社会での行動に責任をもつことや、犯罪被害を含む危険の回避など、情報を正しく安全に利用できること、コンピュータなどの情報機器の使用による健康との関わりを理解することなど（学習指導要領解説総則編）とされています。

　一方、スマートフォン等の急速な普及により、児童生徒のインターネット利用環境、コミュニケーションの場は大きく変化しています。情報モラル教育も、そのような変化に柔軟に対応していく必要があります。しかし、どんなに情報技術が進化しても変化しない、情報モラル教育の本質があります。変化する機器等の知識や技能を身につけながら、人としてのモラル、他者との価値観の違いを認識し、新しいコミュニケーションツールとのつきあい方を考え、これからの情報社会を作るという責任を持って主体的に判断、行動できる能力の育成が求められているのではないでしょうか。

　本書では、このような検討を踏まえ、スマホ世代ともいえる現代の子どものための新しい情報モラル教育の授業を提案しました。

　玉田・松田（2014）は、情報モラルの本質を理解して指導する方法として、道徳的規範など情報化が進展しても変化しない（不易な）問題と、情報技術が進化することによって変わる技術的側面に依存する（変化する）問題が存在するとし、（図1）のように整理し、指導内容については（表1）のように整理しました。情報モラル教育に必要な視点として、これらを参考に実践事例を提案しました。

　例えば、実践事例4の「ネットへの投稿について考えよう」という学習では、新しい機器性能や形態、サービスといった変化する問題よりも、不易である道徳的な知識としての「節度」「思慮」「思いやり」「礼儀」や、「公開性」「記録性」などの情報技術の特性の理解を重視しています。「機種や技術がどんどん進化するのでついていけない」と言われがちな情報モラル教育ですが、おさえるべき問題の本質は変わらないものとして捉えています。

　また、新しい時代に必要となるこれからの情報モラル教育は、メディア・リテラシーとの関連を切り離して検討することはできないと考えました。情報の判断、コミュニケーション能力の育成は、中橋（2014）の「ソーシャルメディア時代のメディア・リテラシーの構成要素」（表2）を参考に、各実践事例を提案しました。

　例えば，実践事例6の「情報の信頼性・信憑性」では、情報の信憑性を判断するために、受け手の誤解や認識の偏りをどのように減らしていくのか、そして、メディアは社会にどのような影響力を持っているのかなど、メディアを批判的に捉えることを重視した授業構成としています。

● **図1** 3種の知識による情報モラル判断（玉田・松田 2014）

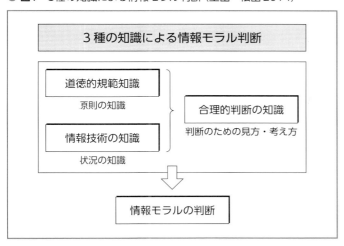

● **表1** 情報モラル指導における必須項目（玉田・松田 2014）

【ア】情報モラル判断に必須の道徳目標（不易）

道徳目標	下位目標	具体的な目標項目
自分自身に関すること	節度・思慮	1. 欲しいものを我慢できる 2. 自分の身を守ることができる 3. 正しいかどうかを判断できる 4. やって良いこと悪いことの区別がつく
他人とのかかわりに関すること	思いやり・礼儀	5. 相手を思いやる気持ちがある 6. 相手が傷つかないかどうかを考えられる 7. 相手に迷惑をかけないように努力できる 8. 相手を不快にしないように気をつけられる
社会とのかかわりに関すること	正義・規範	9. 正しいことを実行できる 10. ルールを守ることができる

【イ】情報モラル判断に必要となる情報技術の知識（不易：状況の知識）

情報技術の必須知識	情報技術の知識の具体的な内容
信憑性	11. インターネット上では誰でも発信できるので信用できない情報もあるので，必ず真偽を確かめなければならない 12. 不適切な情報もたくさんあるので，そのような情報は見るのをやめた方が良い
公開性	13. インターネット上での書き込み（SNS・掲示板・プロフ・ブログなど）は，全世界に公開されているので，世界中の誰からでも見ることができる 14. 著作権・肖像権を守って発信しなければならない
記録性	15. 一度発信した情報は，絶対に取り戻せないので，必ずどこかに記録が残ってしまう 16. 名前を書いていなくても匿名ではなく，誰が発信したかという記録が残っている
公共性	17. 費用は発信者だけではなく，受信者も支払わなければならない 18. インターネットは公共の資源なので，無駄遣いをしてはいけない
流出性（侵入可能性）	19. 接続しただけで，自分のコンピュータに侵入されたり，何かを取り出されるような危険なページもある

【ウ】メディアを介したコミュニケーションの心理的・身体的な特性 (不易:状況の知識)

心理・身体	具体的な内容
非対面	20. 対面では言えないようなことが言える 21. 感情的になりやすい 22. 真意が伝わりにくく，誤解が生じる 23. 相手の状況が分からない 24. 受け取る状況や場合によって感じ方が違う
1対1　多対多	25. 警戒心がなく，情報発信をする 26. 議論がエスカレートしやすい
依存性	27. 夢中になって，やめられなくなる 28. 人とのつきあいで，やめられなくなる 29. やめたくてもやめられなくなる
電磁波	30. 微量な電磁波を発している 31. 持つ場所に気をつける必要がある (心臓　頭) 32. 公共の場所でも，使ってよい場所，悪い場所がある

【エ】変化する技術特性 (変化:状況の知識)

変化する技術特性	具体的な内容
機器性能・形態の変化	33. サイズが小型化しどこにでも持ち運べるようになった 34. さまざまな機能が追加され，いろいろなことができるようになった 35. 通信できるデータ容量が増大し，通信速度が非常に早くなった 36. 通信できる場所が増え，どこでもネットに繋がるようになった
サービスの変化	37. 定額制によって，費用負担感が軽減した 38. 長時間利用を促進するエンタテイメント性が向上した 39. 利用者増加を意図して，サービス側からのさまざまなアプローチがある 40. 無料と称して，利用者を勧誘する

● **表2　ソーシャルメディア時代のメディア・リテラシーの構成要素 (中橋2014)**

(1) メディアを使いこなす能力
a. 情報装置の機能や特性を理解できる
b. 情報装置を操作することができる
c. 目的に応じた情報装置の使い分けや組み合わせができる

(2) メディアの特性を理解する能力
a. 社会・文化・政治・経済などとメディアとの関係を理解できる
b. 情報内容が送り手の意図によって構成されることを理解できる
c. メディアが人の現実の認識や価値観を形成していることを理解できる

(3) メディアを読解，解釈，鑑賞する能力
a. 語彙・文法・表現技法などの記号体系を理解できる
b. 記号体系を用いて情報内容を理解することができる
c. 情報内容から背景にあることを読み取り，想像的に解釈，鑑賞できる

(4) メディアを批判的に捉える能力
a. 情報内容の信憑性を判断することができる
b. 「現実」を伝えるメディアもつくられた「イメージ」だと捉えることができる
c. 自分の価値観に囚われず送り手の意図・思想・立場を捉えることができる

(5) 考えをメディアで表現する能力
a. 相手や目的を意識し，情報手段・表現技法を駆使した表現ができる
b. 他者の考えを受け入れつつ，自分の考えや新しい文化を創出できる
c. 多様な価値観が存在する社会において送り手となる責任・倫理を理解できる

(6) メディアによる対話とコミュニケーション能力
a. 相手の解釈によって，自分の意図がそのまま伝わらないことを理解できる
b. 相手の反応に応じた情報の発信ができる
c. 相手との関係を深めるコミュニケーションを図ることができる

(7) メディアのあり方を提案する能力
a. 新しい情報装置の使い方や情報装置そのものを生み出すことができる
b. コミュニティにおける取り決めやルールを提案することができる
c. メディアのあり方を評価し，調整していくことができる

本書では、スマホ世代の子どもの課題から10の題材目標を設定し、情報モラル教育の本質と情報モラル指導における必須項目（表1）と、メディア・リテラシーの構成要素（表2）を踏まえて、実践しやすい情報モラル教育の提案を行いました（表3）。

● 表3　各実践事例作成で参考とした項目

	実践事例 1	実践事例 2	実践事例 3	実践事例 4	実践事例 5	実践事例 6	実践事例 7	実践事例 8	実践事例 9	実践事例 10
情報モラル指導における必須項目	ア-1,4,9,10 ウ-27,29 エ-38	ア-1,2,3,9 イ-11,15,19 エ-34,39,40	ア-2,3,4,9 イ-11,13,15,16 ウ-25	ア-3,4,5,6,7,8,9 イ-11,13,14,15,16 ウ-22,24,25	ア-1,10 ウ-27,28,29 エ-33,34,36,38	ア-4,6 イ-11,12,15 ウ-22,24,25	ア-5,6,8 ウ-21,22,23,24,25	ア-5,7,10 ウ-23,27,28,29 エ-33,34,36,38,39	ア-5,7	ア-5,6,7,8 ウ-22,23,24,28 エ-34
メディア・リテラシーの構成要素		(1)-a	(7)-b,c	(5)-c (6)-a,b,c (7)-b,c	(7)-c	(2)-a,b,c (3)-c (4)-a,c (7)-c	(6)-a,b,c (7)-b,c	(1)-a (6)-b,c (7)-b	(2)-b (3)-c (4)-c (5)-a,c (6)-a,c	(1)-a (6)-a,b,c (7)-b,c

2. 授業を実施するにあたって

情報モラル教育には、「危険を回避するための啓発教育」だけでなく、「よりよい情報の使い手になるためのポジティブな学び」という一面があります。そこには、「情報を主体的に適切に活用できるようになってほしい」という指導者の願いも込められています。しかし、学んだことをもとに主体的な行動ができる子どもは決して多くはありません。そこで、それぞれの実践事例に「何ができるようになるか」という目標を設定し、興味・関心を持たせるための発問を設け、他者との対話を通して価値観の違いに気づきながら、人としてのモラル（道徳的な内容）を学んでいく授業の流れにしました。そして、その学びと根拠となる科学的な理解があわさることで、子ども達が主体的に適切な行動ができるようになる教材としました。

10の実践事例は、すぐに実践できるよう台本形式とし、ねらいや指導のポイントをわかりやすく表記しています。ダウンロードして使えるスライド資料も作成しました。指導の方向を検討し取り組むことができるよう、校種別にアンケートも用意しています。また、小学校から高等学校まで発達段階に応じた指導目標に合わせて見通しを持てるよう、学びが次の段階へ生かせる構成としました。

指導にあたっては、まず、巻末のアンケートを実施します。各地域、各学校、各クラスの実態をつかむことで、課題が明確になり、児童生徒の主体的な学びにむかう基点となります。その結果に基づき、P.2の対応表から教材を選びます。教材は、キーワードからも選ぶことができます。授業では、児童生徒が自らの情報機器等の使い方を認知することから、課題設定に結びつけていきます。小学校では、利用の仕方には個人差がありますが、個人差があるからこそ他者を知ることで自己の考えを広げ深めることができます。自分の使い方が標準ではない、と気づくことは、情報モラル教育では大きなポイントになります。

アンケートは、実態に即した学習が選択できるだけではなく、児童生徒のデータを保護者に伝えるためにも有効です。保護者は、全国平均や全国調査の結果を伝えられてもピンと来ませんが、「このクラスの実態はこうです」と目の前の現実を突きつけられると強い関心を持ちます。子どもは「みんなが使っている」と言います。しかし、本当のところはどうなのか、という実際のデータの説得力こそが問題意識の共有に寄与できるのです。

3. 子どもが学びにむかう授業

情報モラル教育は、子どもが受け身になりがちです。インターネット利用を制限される、あるいは利用の

危険ばかりを強調される学習は児童生徒にとって嬉しいことではありません。そのため、授業作りでは、子どものハートに火をつけるための手立てに最も苦心しています。そこで、次のような手立てを考えました。インターネットに夢中になるしくみや特性に共感する。適切に利用するメリットを強調する。児童生徒から引き出すために情報は与えすぎず、「本当にそうだろうか」と問い、思い込みをひっくり返します。そして、判断は児童生徒に委ねます。そのために、授業の過程では「教えること」と「教えないこと」を整理しながら情報をコントロールしていきます。本書では、子どもが学びにむかう場面がわかりやすいよう、授業の展開に 重要な発問 、ここが POINT 、 考える時間 などのアイコンを表示しています。情報モラル教育は、正解を学ぶのではなく、個々の考えや判断が尊重され、仲間や指導者に認められ、「みんなや自分のために適切な利活用ができる担い手になる」ための学びの場です。指導者には、児童生徒の主体的に学ぶ姿勢を引き出すことが求められています。

4. 保護者との共有で情報モラル教育を継続し深める

　情報モラル教育を継続、深化させるには、家庭との連携が必要になります。そのため、学校では保護者対象の講演会や啓発活動が熱心に行われています。しかしながら、保護者の講演会参加率や関心は低く、家庭では適切な指導ができていないのが現状です。本書では、小学生用ワークシートに保護者記入欄を設けています。児童は、「保護者に伝える」という学習の目的を意識しながら学びます。そして、家庭で保護者に伝えながら学習を振り返ります。保護者は、児童と学習内容について話し合い、感想を記述します。このように、親子で学びを深められるよう工夫しました。また、学習内容や目的をしっかりと理解してもらえるよう、全教材にダウンロードして使える保護者用文書を用意しています。安全な利用のために気をつけるべき視点と、インターネット接続機器の特性などの知識を得ることで、家庭でも保護者が自信を持って指導が行えるようになることも、本書の目指すところです。

5. 主体的・対話的で深い学びにむかう情報モラル教育

　第一筆者の今度は、情報モラルの授業、講演を行っており、年間約150校まわることもありました。各地の学校での実践は、児童生徒の実態も異なり、45分で結果を出すことの難しさを毎回痛感しています。しかし、アンケート調査や授業実践でクラスごとの実態をつかみ、思考の流れを検討し、結果を分析する、という作業を積み重ねる中で、必要な題材目標、発問を絞り、授業を改善してきました。本書は、現役教師である第二筆者の稲垣と実践の検討を繰り返し、授業研究する中から生まれました。最も大切にしてきたことは、「学ぶことに興味・関心を持つ」「話し合い、対話の中から自分の考えを広げ深める」「習得したことを生かし、課題を解決していく」ことでした。そして、それはまさに、従来の説明型、教え込み型の情報モラル教育ではなく、「主体的・対話的で深い学びにむかう情報モラルの授業」を目指す、ということでした。この授業スタイルは、単なる指導の手法ではなく、指導者も、目の前の子どもが「何ができるようになるか」を追求し共に学び改善していくことに他なりません。つまり、児童生徒も、指導者も、そして保護者も、主体的・対話的で深い学びにむかうことができるヒントを、ここでは提案したいと考えました。

　本書を、全国のさまざまなクラスで活用いただき、実践に役立つことを期待します。厳しいご意見やご指摘をいただき、さらに改良し、より使いやすい学習提案へと結びつけていきたいと思います。情報技術は進歩し、子どもの実態も変化するでしょう。しかし、自分や他者、社会と関わる中で、適切な判断に必要な見方、考え方は不易であることを忘れず、共に学び、共に歩む教材でありたいと心から願っています。

● 取り扱い教科等一覧表 (参考資料)

実践事例1　動画サイトで気をつけること			▼新学習指導要領		
小学	特別活動　学級活動 (2)	イ　基本的な生活習慣の形成 カ　心身ともに健康で安全な生活態度の形成	小学	特別活動　学級活動 (2)	ア　基本的な生活習慣の形成 ウ　心身ともに健康で安全な生活態度の形成
	道徳1	主として自分自身に関すること		道徳A	主として自分自身に関すること

実践事例2　アプリの利用と個人情報			▼新学習指導要領		
小学	特別活動　学級活動 (2)	ウ　望ましい人間関係の形成 カ　心身ともに健康で安全な生活態度の形成	小学	特別活動　学級活動 (2)	イ　よりよい人間関係の形成 ウ　心身ともに健康で安全な生活態度の形成
	社会　第5学年 (4)	イ　情報化した社会の様子と国民生活とのかかわり	中学	特別活動　学級活動 (2)	エ　心身ともに健康で安全な生活態度や習慣の形成
中学	特別活動　学級活動 (2)	キ　心身ともに健康で安全な生活態度や習慣の形成			

実践事例3　インターネット上での安全なやり取り			▼新学習指導要領		
小学	特別活動　学級活動 (2)	ウ　望ましい人間関係の形成	小学	特別活動　学級活動 (2)	イ　よりよい人間関係の形成

実践事例4　ネットへの投稿について考えよう			▼新学習指導要領		
小学	特別活動　学級活動 (2)	ウ　望ましい人間関係の形成 カ　心身ともに健康で安全な生活態度の形成	小学	特別活動　学級活動 (2)	イ　よりよい人間関係の形成 ウ　心身ともに健康で安全な生活態度の形成
	道徳1 道徳4	主として自分自身に関すること 主として集団や社会とのかかわりに関すること			

実践事例5　インターネットを利用する時のルールを考えよう			▼新学習指導要領		
小学	特別活動　学級活動 (2)	イ　基本的な生活習慣の形成 カ　心身ともに健康で安全な生活態度の形成	小学	特別活動　学級活動 (2)	ア　基本的な生活習慣の形成 ウ　心身ともに健康で安全な生活態度の形成
				特別活動　学級活動 (3)	一人一人のキャリア形成と自己実現

実践事例6　情報の信頼性・信憑性			▼新学習指導要領		
中学	技術・家庭 (技術分野) 社会 (公民的分野)(1) 特別活動　学級活動 (2)	D　情報に関する技術 私たちと現代社会 ウ　社会の一員としての自覚と責任 キ　心身ともに健康で安全な生活態度や習慣の形成	中学	特別活動　学級活動 (2)	エ　心身ともに健康で安全な生活態度や習慣の形成
高校	情報　社会と情報 (1) 情報　情報の科学 (4) 特別活動　ホームルーム活動 (2)	ア　情報とメディアの特徴 ウ　情報社会の発展と情報技術 ウ　社会生活における役割の自覚と自己責任			

実践事例7　文字によるコミュニケーション			▼新学習指導要領		
中学	特別活動　学級活動 (2)	ウ　社会の一員としての自覚と責任 オ　望ましい人間関係の確立	中学	特別活動　学級活動 (2)	ア　自他の個性の理解と尊重、よりよい人間関係の形成
高校	特別活動　ホームルーム活動 (2)	ウ　社会生活における役割の自覚と自己責任 オ　コミュニケーション能力の育成と人間関係の確立		特別活動　学級活動 (3)	イ　社会参画意識の醸成や勤労観・職業観の形成
	情報　社会と情報 (2)	ウ　情報通信ネットワークの活用とコミュニケーション			
	情報　社会と情報 (3)	ウ　情報社会における法と個人の責任			

実践事例8　ネット依存とルール			▼新学習指導要領		
中学	特別活動　学級活動 (2)	オ　望ましい人間関係の確立 キ　心身ともに健康で安全な生活態度や習慣の形成	中学	特別活動　学級活動 (2)	ア　自他の個性の理解と尊重、よりよい人間関係の形成 エ　心身ともに健康で安全な生活態度や習慣の形成
	保健体育 (保健分野)(4)	健康な生活と疾病の予防について理解を深めることができるようにする		特別活動　学級活動 (3)	イ　社会参画意識の醸成や勤労観・職業観の形成
高校	ホームルーム活動 (2)	ク　心身の健康と健全な生活態度や規律ある習慣の確立		保健体育 (保健分野)2(1)	健康な生活と疾病の予防について、課題を発見し、その解決を目指した活動を通して、次の事項を身に付けることができよう指導する
	情報　社会と情報 (3) 情報　情報の科学 (4)	情報社会の課題と情報モラル 情報技術の発展と情報モラル		保健体育 (保健分野)2(2)	心身の機能の発達と心の健康について、課題を発見し、その解決を目指した活動を通して、次の事項を身に付けることができよう指導する

実践事例9　スマートフォンのポジティブな使い方			▼新学習指導要領		
中学 高校	特別活動　学級活動 (2) 特別活動　ホームルーム活動 (2)	オ　望ましい人間関係の確立 オ　コミュニケーション能力の育成と人間関係の確立	中学	特別活動　学級活動 (2)	ア　自他の個性の理解と尊重、よりよい人間関係の形成
	情報　社会と情報 (3) 情報　情報の科学 (4)	ア　情報化が社会に及ぼす影響と課題 ウ　情報社会の発展と情報技術		特別活動　学級活動 (3)	イ　社会参画意識の醸成や勤労観・職業観の形成

実践事例10　メッセージアプリによるコミュニケーション			▼新学習指導要領		
中学	特別活動　学級活動 (2)	ウ　社会の一員としての自覚と責任 オ　望ましい人間関係の確立	中学	特別活動　学級活動 (3)	イ　社会参画意識の醸成や勤労観・職業観の形成
高校	特別活動　ホームルーム活動 (2)	ウ　社会生活における役割の自覚と自己責任 オ　コミュニケーション能力の育成と人間関係の確立			
	情報　社会と情報 (3) 情報　情報の科学 (4)	ア　情報化が社会に及ぼす影響と課題 ウ　情報社会の発展と情報技術			

序論 ● スマホ世代の情報モラル教育が目指すもの

実践事例 ▶ 1

●小学校低学年、小学校中学年

動画サイトで気をつけること

題材目標　動画サイトを視聴する上で、動画サイトの特性を理解し、生活リズムや安全面を検討する。また、利用にあたって、守るべきことを考え、よりよい視聴の仕方を考える。

▶ この教材の目指すもの

内閣府「低年齢層の子供のインターネット利用環境実態調査」（2017年5月発表）によると、9歳のインターネット利用状況は約65.8％で、そのうちひとりで操作することがある子どもは、約86％となっています。利用内容は動画サイトの視聴が約83.2％と最も多く、インターネットを利用する子どもは、動画サイトの利用、ひとりでの操作という傾向が読み取れます。

多くの無料動画サイトは、アニメや音楽、投稿動画、知育番組など多様なコンテンツを揃え、気軽に視聴できる反面、暴力、アダルト、殺人、自傷行為など子どもには不適切な動画も公開されています。また、動画サイトの長時間利用もみられます。

このような実態から、動画サイトとのつきあい方を考える学習が必要です。動画サイトは、見ることが悪いのではなく、「約束を守って視聴することで、楽しく安全に利用することができる」ことを理解できることがこの教材のねらいです。

▶ 事前の準備

- スライド資料の2～10を紙芝居、キーシーンとして活用、掲示してもよい。
- 1・2年生はP.89の1・2年生保護者用アンケート、3・4年生はP.90の3・4年生児童用アンケートを実施し、児童の実態を把握しておく。

資料ダウンロード用URL ▶
https://www.nipponhyojun.co.jp/johomoral/

授業の展開

1 導入　5 min

スライド01

　動画サイトはよく見ますか。どんな動画を見ていますか。

発言を板書
- アニメをよく見る。
- 好きなユーチューバーの動画を見ている。

　今日は、動画サイトを見る時、気をつけることを考えます。今日の学習には宿題があります。それは、今日学んだことを家の人に伝え、話し合うという宿題です。今日は「家の人に何を伝えようか」ということをよく考えながら学習するようにしましょう。

2 展開　30 min

スライド02

　「ミクシくんは小学校2年生です。動画サイトが大好きです。面白くて毎日動画サイトを見ています。時にはお風呂にも入らず、夜遅くまで見ることがあります。その結果、朝は眠くて起きられなかったり、宿題を忘れて「しまったな」と思ったりすることも増えました。」

スライド03

　ミクシくんの動画サイトの見方について気になったことがありましたか。

発言を板書
- 動画を見て宿題もしないのはいけない。
- 遅くまで見ているから朝起きられない。

スライド04

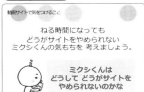

　では、寝る時間になっても動画サイトがやめられなくて、お風呂も宿題も後回しにしてしまったミクシくんの気持ちを考えてみましょう。ミクシくんは、どうして動画サイトを見るのをすぐやめることができないのでしょう。

発言を板書
- 面白い動画が次々出てきて、もっと見たくなる。

実践事例 ●1　動画サイトで気をつけること　11

 では、ミクシくんはどうすれば途中でやめることができたのか考えましょう（2年生2学期以降、3・4年生用のワークシートに記入させる）。

ペア 活動
まずペアで話し合わせる。スライド6を見せて、考えるヒントを提示する。

発表を板書
・家の人と一緒に見て、時間が来たら教えてもらう。
・宿題を先にすませてから動画サイトを見る。
・スマートフォンにタイマーをセットしておく。

とても大切な意見です。ミクシくんも、約束を決めていれば、困ることもなかったかもしれません。

ここがPOINT

動画サイトは無料でいつでも見ることができます。でも、時間を決めずに長い時間見ていると、お風呂や歯磨きや宿題など他にしなければいけないことができなくなったり、目が悪くなったりすることがあります。夜遅くまで見ていると眠れなくなり、朝起きられなくなります。
次々見ていると、子どもが見るべきではない、怖い動画が出てくることもあります。

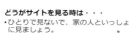

・動画サイトを見るときは家族の人に相談し、一緒に見るようにしましょう。
・動画サイトを見るときは、必ず時間を決めて利用するようにしましょう。
・利用時間は家族で決めましょう。眠る前には動画サイトを見ないようにしましょう。

動画サイトは面白いので、途中でやめるのがとても難しいです。だからこそ、ちゃんとやめることができるように、時間を決めて、家族の人と一緒に見るようにしましょう。ミクシくんも、約束を決めて見ていたら、困ったことにならないで、もっと楽しく動画を見ることができたと思います。

また、困ったことがあったらどうしますか。そうですね、家族や先生などの大人の人に相談しましょう。

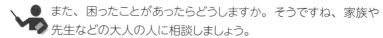

3 まとめ

スライド11

今日の学習で、みなさんは動画サイトを見る時には、どのようなことに気をつけようと思いましたか。気をつけたいことを、ワークシートに書きましょう。

書く視点を提示

(例)・宿題など、しなければいけないことはいつしますか。
・時間は何分までにしますか。

決めたことを発表

スライド12

今日は宿題がありました。今日の学習で学んだことや気がついたことを、家の人に伝えて、動画サイトを利用する時の約束を決めましょう。そして、ワークシートの「家族の人からの感想」という欄に、約束と感想を書いてもらってください。それが今日の宿題です。

▶板書例（兵庫県尼崎市立立花西小学校）

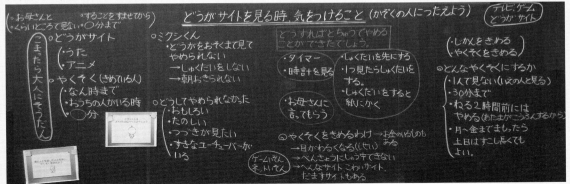

ここがイマドのポイント

　低学年児童の情報モラル教育は、一度の学びでは身につきません。生活習慣として定着している利用を見直し、自らの行動に生かすことは難しいことです。自分がよりよくなりたいと考えている児童の素直な気持ちを引き出し、家庭とも連携しながら学びを継続します。振り返りカードの作成、朝の会や終わりの会などでの確認、学級通信等で保護者へ伝達、などを繰り返します。低学年児童の動画サイト利用は個人差が大きいため、ペアまたはグループで話し合うことで、自分の利用の仕方が他の人と同じではないことに気づかせることも大切です。
　低学年のインターネット接続機器とのつきあい方は、保護者との連携が欠かせません。保護者用文書をWebサイトに用意しています。ワークシートと一緒に持ち帰らせ、学習したことを家庭と共有してください。

実践事例 ◎1　動画サイトで気をつけること

1年生・2年生（1学期） ワークシート

動画サイトで気をつけること

▶ どうがサイトで 気（き）を つける こと

くみ　　ばん
なまえ

今日（きょう）の 学（がく）しゅうで、みなさんは どのような ことに 気を つけようと おもいましたか。
今日の 学しゅうを ふりかえって、気を つけたい ことを かきましょう。

かぞくの 人（ひと）からの かんそう（かぞくの 人と いっしょに、やくそくを きめましょう。）

2年生（2学期以降）、**3・4**年生 　ワークシート　　　　　　　　　　　　　動画サイトで気をつけること

▶ 動画サイトで気をつけること

組　　番

名前

① ミクシくんはどうすればやめることができたのでしょうか。

② 今日の学習で、みなさんはどのようなことに気をつけようと思いましたか。
　今日の学習をふり返って、気をつけたいことを書きましょう。

③ 家族の人からの感想

実践事例 ▶ 2

●小学校高学年、中学校

アプリの利用と個人情報

題材目標　アプリのインストール時の個人情報の取り扱いなどの知識を確認し、気をつけなければいけないことを検討する。自分はどのように行動するべきか考え目標を立てる。

▶ この教材の目指すもの

　トレンドマイクロ社の調査によると、不正アプリは 2015 年 12 月までに 1,000 万個以上発見されています（Android 不正アプリ累計数。トレンドマイクロ社 2016 年発表）。近年では、本物と区別のつかない偽アプリも登場しています。2016 年、人気ゲームアプリ Pokémon GO が発売された直後にも、偽アプリが多数出回りました。子ども達は公式のアプリマーケットではない、ネット上の広告や非公式ウェブサイトからインストールすることがあります。このような実態から、適切なアプリのインストール、利用の仕方を考える学習が必要となります。

　インターネット接続機器は、アプリの導入により活用の幅が広がり、機能拡張することができます。安全に利用するための知識を確認し、本当に必要なアプリであるかを判断し、安易なインストールによる被害を減らします。そして、大人に相談するなど困った時の対処法を知ることが、この教材のねらいです。

▶ 事前の準備

・スライド資料の 2 ～ 5 を、紙芝居やキーシーンとして活用、6 ～ 10 を印刷し黒板に掲示してもよい。
・下記 URL の実践事例 2 専用のアンケートを実施し、質問 1 ～ 4 の結果をまとめておく。

資料ダウンロード用 URL ▶
https://www.nipponhyojun.co.jp/johomoral/

授業の展開

1 導入　5min

スライド01

アプリにはどんな種類がありますか。

今日の学習には宿題があります。今日学んだことを家族に伝え、話し合います。そして、ワークシートの4に、家族の人に感想を書いてもらいます。
今日は、「家族に何を伝えるか」をよく意識しながら学習をしましょう。

アンケート結果を提示
自身の使い方に向き合い、本時の目標につなげるために、事前にとったアンケート結果の1〜4をグラフ等で提示する（挙手で聞き取ってもよい）。

アンケート結果を見ましょう。気がつくことはありますか。

発言を板書
・クラスの半数がアプリをインストールしたことがある。
・アプリを利用するときのルールを決めている人が少ない。

アプリにはどんな種類がありますか。

発言を板書
・LINEのようなSNS、ゲーム、カメラ、音楽

アプリの便利なところはどういうところですか。

発言を板書
・無料で使えるものがたくさんある。
・アプリを入れるとスマートフォンの機能が増える。

さまざまなアプリを利用することで、インターネット接続機器はさらに便利に活用することができます。無料でインストールできるアプリも多くあります。皆さん自身の使い方を思い出しながら、アプリを利用する時どんなことに気をつけなければいけないのか考えましょう。

2　展開

スライド02

小学校6年生のマサオくんは、インターネットの漫画サイトの広告で対戦ゲームアプリを見つけました。試してみようと思い、次のことを確認しました。

- 有料か無料か。

スライド03

無料でした。次に、同意画面の表示を確認しました。

- 位置情報を利用する。
- 携帯のステータスとIDの読み取り
- 連絡先データの読み取り

スライド04

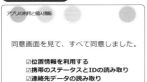

よくわからないけれどすべて同意しました。

スライド05

名前、生年月日、メールアドレスを入れて、インストールしました。

スライド06

問1：マサオくんの行動で、気になったことがありましたか。気になったことがあればワークシートの1に書きます。なぜ気になったのか、理由も書きましょう。

グループ活動
まず自分の意見を書き、その後、班で考えを伝え、班の皆で話し合い意見をまとめます。

発表を板書
- ●気になったこと

- 同意画面の意味がわからないのに同意した。
- 親に相談しないでインストールをしていた。
- 名前などの個人情報を入力した。
●理由
- 同意画面がよくわからないのに同意するのはよくない。
- 名前など個人情報は悪いことに使われるかも。

 では、マサオくんは何に気をつけるべきだったと思いますか。

- 親に相談する。
- 個人情報は教えないようにする。

 なぜそのように思ったのですか。

- 大人に相談したら困った時に助けてもらえる。
- 個人情報は悪用される。

「個人情報って何だろうシート」
（P.22参照）

 個人情報、という言葉が出てきましたが、ここで、個人情報について確かめておきましょう。個人情報は、何がわかる情報のことを言いますか。

- 自分のこと。
- どこの誰か、ということ。

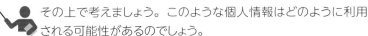 では、個人情報にはどのようなものがありますか。

- 名前、住所、電話番号、メールアドレス、生年月日、パスワード、ID、顔写真。

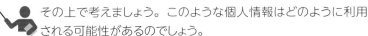 そうですね、それらはすべて個人のことがわかる個人情報と言えます。では、「個人情報って何だろうシート」に書いておきましょう。

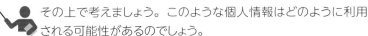 その上で考えましょう。このような個人情報はどのように利用される可能性があるのでしょう。

- アプリの会社の人に利用される。
- 一度教えた個人情報はネット上でどんどん広がる。

 その個人情報は取り戻すことができますか。

- 取り戻せません。

 個人情報はネット上で利用されたり広がったりすると取り戻せない、だから個人情報は教えるべきではない、という意見です。

実践事例 ● 2　アプリの利用と個人情報　19

個人情報を教えることはよくないことでしょうか。

・よくないと思います。

スライド07
- 個人情報を教えなければ受けられないサービスはたくさんあります。
  お店のスタンプカード
  本や映画のレンタル会員証　など
- そのサービスを受けるために
  「なぜ個人情報が必要なのか」
  「個人情報はどのように使われるのか」
  を考えることが大切です。

では、考えてみましょう。私たちの社会では、個人の情報を教えなければ受けられないサービスがたくさんあります。例えば図書館で本を借りる時など、何を伝えて借りますか。

・借りる時には名前や住所を教えます。

ここがPOINT

そうですね。図書館やレンタルショップの会員証、そしてお店のスタンプサービス、これらはすべて、個人の情報を教えて受けられるサービスです。
そのサービスを受けるために、なぜ個人の情報が必要なのか、どのように使われる可能性があるのかを考えることが大切なのです。

 レンタルショップの会員証やスタンプサービスに個人情報が必要なのはなぜだと思いますか。

発言を板書
・返してもらえない時に連絡するため。
・お店の宣伝に使う。

重要な発問 CDや本を貸す時には、相手のことを知らなければなりません。お店では新しい商品やセールのお知らせをするのに個人情報がわかると便利です。このように、個人の情報を教えることがすべて悪いわけではありません。
では、マサオくんの場合、ゲームアプリを利用するのに、なぜ名前などの個人情報が必要だったのでしょう。

 考える時間

考える視点としてスライドを提示

スライド08
- 同意画面に書かれていることは、なぜアプリの利用に必要なのでしょうか？
- 同意画面で多くの同意を求めてくる時は、目的以外に使われることがあります。

なぜ必要なのかわかりませんね。
同意画面に書かれていた位置情報やIDの読み取りなども、なぜ同意が必要なのでしょう。わからないですね。
このように、個人情報や，同意画面でたくさん同意を求めてくる場合は，ゲームの利用以外に使われることがあります。アプリの目的に必要かどうかわからない情報の利用同意を求めてきた場合、入力した

情報が売られたり、他の目的で利用されたりすることがあります。同意する前に、必ず家族と一緒に確認をしましょう。

 ところで、マサオくんはアプリをどこで見つけましたか。

・漫画のサイトの広告です。

 不正なアプリは、インターネット上でさまざまな宣伝方法により利用を呼びかけます。アプリは、必ず「信頼できるマーケットからインストールする」ことを覚えておきましょう。例えばApp Store、Google Play、Windowsストアなどです。話題になっているものでも、広告やインターネットサイトのリンクなどから、軽はずみにインストールすることはやめましょう。

スライド09

アプリの利用と個人情報

大切なこと
・信頼できる公式アプリマーケット以外からインストールしないようにしましょう。
・入力した個人情報はもどってきません。
・個人情報がどのように使われるのかを考え、入力する前に必ず家族に相談して、いっしょに確かめましょう。

ここがPOINT

では、大切なことを振り返ります。
個人情報を教えることが悪いわけではありませんが、一度教えた情報は、みなさんが言うとおり戻ってきません。個人情報がどのように使われる可能性があるのかを考え、利用目的がわからない場合は、自分で判断しないで家族や学校の先生に相談しましょう。
信頼できる公式アプリマーケット以外からインストールしないようにしましょう。

3 まとめ 5min

スライド10

アプリの利用と個人情報

問2
アプリをインストールする時、どのようなことに気をつけたいと思いましたか。自分の考えを書きましょう。
こまった時にはだれに相談するのかも書きましょう。

重要な発問 問2：それでは、これからアプリを利用したい時にどのようなことに気をつけたいと思ったか、自分の考えをワークシートの2に書きましょう。
困った時には、誰に相談するのかを3に書きましょう。

記述が進まない児童には、スライド9を表示し、学習を振り返り、気づきを促す。

考えたことを発表させる

 今日の宿題を覚えていますか。
今日学んだことを家族に伝え、話し合い、ワークシートの4に、家族の人から感想を書いてもらいましょう。

実践事例●2　アプリの利用と個人情報　21

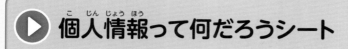

年	組	番

名前

1. 個人情報とは

［　　　　　　　　　　］がわかる情報のことです。

2. 個人情報は

例：名前

です。（くわしく書きましょう）

※個人情報についてふり返りましょう。

ここが **イマド** のポイント

　個人情報を伝えることでさまざまなサービスを受けることに慣れた今の子ども達は、個人情報入力はすべてよくない、と伝えると混乱します。個人情報はどのように使われ、どのような影響が考えられるのか、自分の個人情報を渡してまで使う必要があるのか、を意識できることが大切です。

　保護者も、インストール時の同意画面、個人情報入力、利用規約の内容などを意識せず利用することが少なくないため、Webサイトの保護者用文書をご活用ください。

　ワークシートの家族の人からの欄には、「親も気軽にアプリを利用していた」「信頼できる公式サイトか確かめて使おうと親子で話した」など、学習内容に関連する感想が記述されます。感想は事後の学習活動や学級通信等で紹介するなど、学習の継続に生かしてください。

| ワークシート | アプリの利用と個人情報 |

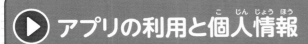

アプリの利用と個人情報

年　組　番
名前

1. マサオくんのアプリのインストールで、気になったことがありましたか。

気になったこと	その理由

2. これからアプリを利用したいと思った時、気をつけることを書きましょう。

どこからインストールしますか

同意画面の入力、個人情報の入力をお願いされたらどのようなことに注意しますか

3. こまった時は、だれに相談しますか。

4. 家族の人から

実践事例 ▶ 3

●小学校中学年、小学校高学年

インターネット上での安全なやり取り

題材目標　インターネットを介して不特定多数の人と交流をする際に、個人情報や写真を送ることの危険を理解する。写真には位置情報も埋めこまれるという情報技術を知り、安全なインターネットにおける交流について学ぶ。

▶ この教材の目指すもの

　児童が、SNSなどのコミュニティサイト、動画サイト、ゲームサイトなどを介し、見知らぬ人と出会い、交流する機会が増加しています。平成28年度内閣府青少年のインターネット利用環境実態調査によると、インターネットで知り合った人とメッセージやメールでなどのやり取りをしたことがある小学生は3.2%であり、中学生10.7%、高校生17.7%と、校種が上がるごとに多くなっています。インターネット上での交流は、相手から得られる情報の真偽を見抜くことが難しいため、例え虚偽であっても安易に信頼しがちです。求められるままに個人情報や写真、動画などを送信することもあります。このような行為がトラブルを引き起こすことを理解させます。

　しかし、さまざまな場面で不特定多数の人と交流する機会がある児童は、やり取りや交流は危険である、と指導するだけでは反発します。インターネットの特性や危険を回避する方法を学び、交流の機会があっても安全に行動できることがこの教材のねらいです。

▶ 事前の準備

・スライド資料の2〜4と8〜10は紙芝居として、5と11〜14は印刷し必要に応じ黒板に掲示してもよい。
・P.91のアンケートを実施し、質問2、7の結果をまとめておく。

資料ダウンロード用URL ▶
https://www.nipponhyojun.co.jp/johomoral/

授業の展開

1 導入

スライド01

インターネット上での安全なやり取り

　今日の学習には宿題があります。学んだことを家族に伝え、話し合います。そして、ワークシートの5番に、家族の人から感想を書いてもらいます。
　今日は、「家族に何を伝えるか」をよく意識しながら学習しましょう。

アンケート結果を提示
自身の使い方に向き合い、本時の目標につなげるために、5、6年生用アンケートの2、7をグラフにして提示する（中学年は質問して挙手でもよい）。

　クラスの皆さんのアンケート結果を見ましょう。気がつくことはありますか。

発言を板書
・ネットで知り合った人に名前を教えたことがある人がいる。
・写真を送ったことがある人がいる。

　皆さんは道ですれ違った人に声をかけられ、写真をください、と言われたら、写真を撮って渡しますか。

・いいえ、写真は渡しません。
・逃げ出します。

　では、インターネット上で知り合った人とは、なぜ親しくメッセージをやり取りしたり、写真や個人情報を送ったりしてしまうのでしょう。
　今日は、インターネット上でのやり取りや交流をテーマに、なぜ知らない人を信じてしまうことがあるのか、これからどのようなことに気をつけていくべきなのか、考えてみましょう。

　それでは、2つの事例を聞いて考えましょう。

（中学年の場合、「シュン君の話」か「タマミさんの話」の2つの事例のうち、どちらか一方だけで実施してもよい。）

実践事例●3　インターネット上での安全なやり取り

2 展開

スライドの事例を読む

スライド02

- 小学5年生のシュン君は、ゲームサイトで「マルオさん」という人と仲良くなり、一緒にオンラインゲームの中で遊んでいました。
- シュン君は、知らない人には名前や住所を教えてはいけないと言われていたので、気をつけながら遊んでいました。

スライド03

- ある日「マルオさん」がシュン君に言いました。
  「ねえ、いつもどんな部屋で遊んでいるの？部屋が見たいな。」
- シュン君はスマートフォンで部屋の中を写真に撮り、「マルオさん」に送りました。

スライド04

- ある日、シュン君が家に帰ってくると、男の人が家の前に立っていて、シュン君に話しかけてきました。
- 「シュン君、こんにちは。マルオです。」

スライド05

問1：シュン君の話で、怖いなと思ったこと、気になったことはありましたか。ワークシートの1番に書きましょう。
それでは発表します。

解答を発表

- 名前も住所も教えていないのに家がわかったのが怖いと思った。
- 外の様子がうつっているかもしれないのに写真を送っていた。

写真に外の様子がうつっていたのではないか、という意見がありましたが、写真は住所がわかる画像ではありませんでした。なぜ、シュン君の家の場所がわかったのだと思いますか。

- わかりません。

26

写真には、撮った場所の情報が残ることがあるのです。スマートフォンやタブレットなどで撮った写真には、画面には見えないさまざまな情報が入っています。例えば、GPSという機能を使って撮った写真は、撮った場所の情報がわかるようになっています。撮影をする機器の設定を変えないと、情報は残ってしまいます。

 例えば、料理やペット、風景の写真でも、写した場所の情報が残っていたら、知らない人に撮影の場所がわかってしまいます。

では、シュン君はどうすればよかったと思いますか。

発言を板書
・部屋の写真でも、ネットの中だけの知り合いには送らない。
・写真を送る前に家族に相談する。

 そうです。誰かに写真を送信する時は、必ず家族や先生に相談しましょう。

では、次の事例を聞いて考えます。

スライドの事例を読む

・小学4年生のタマミさんは、動物を育成するオンラインゲームで、小学6年生の女の子と仲良くなり、一緒に動物を育てて遊んでいました。
・とてもやさしくて、面白い話もしてくれました。

・写真を送ってきたので、タマミさんも自分の写真を送りました。
・ある時、会おうといういことになり、待ち合わせをしました。
・でも、時間になっても写真の女の子は来ません。

・そこへ、男の人が近づいて話しかけてきました。
「タマミさんですか。」

問2：タマミさんのお話で、怖いなと思ったこと、気になったことはありましたか。ワークシートの2番に書きましょう。
それでは発表します。

解答を発表

・女の子だと思っていたのに女の子じゃなかった。
・ひとりで会いに行ってしまった。どうなったのか心配。

タマミさんと遊んでいた子は、小学6年生の女の子ではなかったのでしょうか。

児童の反応を見て

そうですね。この女の子は「なりすまし」だったのでしょう。大人が子どもになりすまし、子どもの写真を使い、小学生を演じていたのです。なりすましは、大人でも見破ることが難しいのです。

では、タマミさんはどう行動すればよかったと思いますか。

発言を板書

・女の子だと言われても、すぐに信じない。
・写真を送らない、会いに行かない。

スライド13

問3
シュン君やタマミさんは、なぜ子どもだと信じたのですか。

ワークシートの3に理由を書きましょう。

問3：皆さんは、道ですれ違った知らない人に自分のことを教えたり写真を渡したりはしない、と言いました。しかし、シュン君やタマミさんは、インターネット上で知り合った人を自分と同じ子どもだと信じて、仲良くなり、写真を送りました。なぜ子どもだと信じたのでしょう。

> **グループ活動**
> その理由を、まずひとりで考えワークシートの3番に書きます。その後、班で話し合い、意見をまとめましょう。

> **発表を板書**
- 子どもの写真を送ってきたから信じた。
- 小学生が遊ぶゲームだから子どもだと思った。

 ネットで知り合った人に送ったシュン君やタマミさんの写真や名前などの情報は、どうなってしまうと思いますか。

> **発言を板書**
- 返してもらえない。
- ネット上で悪いことに使われる。

ここがPOINT

 そうですね。送ってしまった情報は返してもらえないし、悪いことに使われるかもしれません。
一度送ってしまった情報は、取り戻すことはできないのです。
インターネット上には、信頼できる人もいますが、子どもを騙そうと近づいてくる人もいます。特に、子どもが好きなゲーム内には、なりすましが集まることがあります。そして、悪いことを考えている人は、怪しくないように振る舞うのです。インターネット上だけで知り合った人をすぐに信じてはいけないのです。

3 まとめ

スライド14

問4
これからインターネット上で交流や
やり取りをする時に、どのようなこと
に気をつけたいと思いましたか。
ワークシートの4に書きましょう。

問4：これから皆さんがインターネット上で交流ややり取りをする時に、どのようなことに気をつけますか。考えたことをワークシートの4番に書きましょう。

考える視点を提示

・写真や動画のやり取りを求められたらどうしますか。
・自分の名前、住所、メールアドレスなどの個人情報を聞かれたらどうしますか。
・困った時は誰に相談しますか。
（P.22の「個人情報って何だろうシート」を使い、個人情報について認識させてもよい。）

考えたことを発表させる

今日の宿題を覚えていますか。
学んだことを家族に伝え、話し合い、ワークシートの5番に、家族の人から感想を書いてもらいましょう。

ここが**イマド**のポイント

　インターネット上での交流は、どんなに気をつけていても騙されることがあります。なりすましは、短いやり取りでいきなり写真の送付などを求めてきません。何度もやり取りをし、信頼関係を築き、巧妙に嘘をつき送らせます。このような手口を子どもが見抜くことは難しいです。悪いことを考えている人は、怪しくないように振る舞うのです。学年、校種が上がれば交流の機会は更に増えます。インターネット上で安全に交流するためにも、朝の会、帰りの会、長期休みの前などに繰り返し考える機会を作りましょう。
　潜在化する子どものインターネット上のトラブルは、保護者も把握できません。インターネット接続機器を買いあたえ、その後の管理ができない家庭も多いので、Webサイトの保護者用文書を活用いただき、懇談会、学級通信等で学習を共有、伝達していただきたいと思います。

ワークシート　　　　　　　　　　　　　　　　　　　　　　インターネット上での安全なやり取り

▶ インターネット上での安全なやり取り

年　　　組　　　番

名前

1. シュン君の話で、こわいなと思ったこと、気になったことはありましたか。

2. タマミさんの話で、こわいなと思ったこと、気になったことはありましたか。

3. 信じたのはなぜだと思いますか。その理由を書きましょう。

4. これからインターネット上で交流ややり取りをする時に、気をつけることを書きましょう。

写真や動画は

個人情報は

こまった時は

5. 家族の人から

実践事例 ▶ 4

●小学校高学年

ネットへの投稿について考えよう

題材目標 インターネットの公開性、拡散性、記録性という特性を理解し、それらのよさを生かす投稿と、悪いことにつながる投稿があることを検討する。その検討から、適切な情報の発信や、その情報を発信する責任と、それに伴うトラブルの対処方法について理解する。

◉ この教材の目指すもの

　内閣府の「平成28年度青少年のインターネット利用環境実態調査」によると、コミュニケーションとしての利用状況は、11歳で36.4%、12歳で48.9%であり、平成26年度の調査結果より11歳で7.1%、12歳で11.2%ずつ増加しています。コミュニケーションツールの利用は、低年齢化の傾向にありますが、それに伴い児童間のいじめ、不適切な投稿などのトラブルも報告されています。保護者のSNS利用、ネットの投稿発信も活発になっており、家庭での指導も難しい状況にあります。このような背景から、児童自らネットへの投稿のルールを考える学習が必要となります。

　インターネットの「公開性」「拡散性」「記録性」という特性を理解し、よさを生かす投稿、悪いことにつながる投稿について検討し、インターネットで適切に情報を発信できるようになることが、この教材のねらいです。

◉ 事前の準備

・スライド資料の2〜4は紙芝居として、5〜12は印刷し必要に応じ黒板に掲示してもよい。
・P.91のアンケートを実施して、児童の実態を把握しておく。

資料ダウンロード用URL ▶
https://www.nipponhyojun.co.jp/johomoral/

授業の展開

1 導入　5min

スライド01

ネットへの投こうについて考えよう

- 今日の学習には宿題があります。今日学んだことを家族に伝え、話し合います。そして、ワークシートの4番に、家族の人から感想を書いてもらいます。
今日は、「家族に何を伝えるか」をよく意識しながら学習しましょう。

- インターネット上に、写真や動画を投稿したことがある人はいますか。

挙手をさせる

- 投稿するときのルールを決めている人はいますか。

挙手をさせ、具体的にルールを発表させる

- 皆さんが、ネットに投稿、発信する時、どのようなことを意識し、気をつけなければいけないのかを、その理由も含めて考えましょう。

2 展開　35min

スライド02

6年生のヨシコ、マユコ、ヒカリは明日の遠足で同じ班です。
それで、遠足のおやつを買いに行きました。
買い物のあと、ヨシコがみんなの写真をとりました。
ヒカリは変な顔になってしまいました。

スライドの事例を読む

- 6年生のヨシコ、マユコ、ヒカリは明日の遠足で同じ班です。
- それで、遠足のおやつを買いに行きました。
- 買い物のあと、ヨシコがみんなの写真を撮りました。
- ヒカリは変な顔になってしまいました。

スライド03

その写真を、ヨシコはSNSのグループトークに「ヒカリの顔おもしろすぎw」と、投こうしました。
ヒカリは、「消して！どうしてヨシコはひどいことばかりするの(怒)」とヨシコに何度も送りました。
ヨシコは「ヒカリ、ウザい」とグループに投こうしました。

- その写真を、ヨシコはSNSのグループトークに
「ヒカリの顔おもしろすぎw」
と、投稿しました。

・ヒカリは、
「消して!どうしてヨシコはひどいことばかりするの (怒)」
とヨシコに何度も送りました。
・ヨシコは「ヒカリ、ウザい」とグループに投稿しました。

スライド04

マユコは、ヒカリの写真と「ウザい」という書きこみを、別グループに送りました。

次の日、ヒカリは遠足を休みました。

・マユコは、ヒカリの写真と、「ウザい」という書き込みを、別グループに送りました。
・次の日、ヒカリは遠足を休みました。

 それではここで、登場人物を振り返ります。
写真を撮ったのは誰ですか。撮られたのは誰ですか。もう一人のお友達は誰ですか。

発言を板書
・写真を撮ったのはヨシコ、撮られたのはヒカリ、もう一人のお友達はマユコ。

3人にはどのようなことが起きていましたか。

発言を板書
・ヨシコがヒカリの写真を勝手に撮ってSNSのグループに投稿した。
・ヒカリは変な顔だから「消して」と言ったけど、ウザいと書かれた。
・マユコは写真を別のグループに流した。ヒカリは遠足を休んだ。

スライド05

問1
3人はそれぞれどのように行動するべきだったのでしょうか。

問1：困ったことが起きています。では、3人はそれぞれどのように行動すればよかったと思いますか。

グループ活動
まずワークシートの1に自分の意見を書き、その後、班で自分の考えを伝え、班の皆で話し合い意見をまとめましょう。

発表を板書
●ヨシコ
・投稿するべきじゃなかった。
・悪口を書かなければよかった。
●ヒカリ
・きつい言い方をせず優しく注意すればよかった。
・遠足を休まないで、みんなと話をすればよかった。

●マユコ
・写真を消すようにと言えばよかった。
・写真や悪口を別のグループに送らなければよかった。

投稿するべきではなかった、という意見が多いですね。インターネット上に投稿すると、どういうことになるから、皆さんは投稿するべきではないと思ったのでしょう。

・インターネットはみんなに見られる。
・あっという間に広がる。
・消せなくなる。

スライド06

ネットへの投こうについて考えよう

インターネットの3つの特性

公開される
広がる
記録される

そうです。皆さんの意見が、まさにインターネットの特性なのです。
皆さんに意識してほしいインターネットの特性は、この3つです。

「公開される」「広がる」「記録される」

それでは、この3つの特性を、ワークシートの2の左側に書いてください。

スライド07

ネットへの投こうについて考えよう

問2
ワークシートの2に、インターネットの3つの特性の
・「よさを生かす投こう」
・「悪いことにつながる投こう」
を書きましょう。

重要な発問 問2：ワークシートの2の右側に、3つの特性の「よさを生かす投稿」、そして3つの特性が「悪いことにつながる投稿」を書いてみましょう。

考える視点をあたえる

・インターネットで公開され、広がり、記録されることで、便利なこと、よいことにつながることもたくさんあります。
・逆に、悪いことにつながるのはどのような使い方をした時でしょう。先ほどのお話などを思い出しながら考えてみましょう。

グループ活動
まず一人で考えワークシートに書いてください。その後グループで意見を交換してみましょう。

それでは発表します。

> 児童の意見を板書

●よさを生かす投稿
・よい写真や面白い動画を見てもらう。
・天気や地震、困った人を助ける情報。
・町の魅力、新しいお店の紹介。
・作った料理を紹介する。

●悪いことにつながる投稿
・悪口、いじめの写真
・個人情報を流す。
・相手が嫌がる写真や動画を投稿する。

 そうですね。悪口や個人情報を投稿し「広がる」「記録される」ことで、未来に渡って投稿が消えなくなるなど、取り返しがつかない結果を生んでしまいます。

 しかし、よさを生かす投稿では、「公開される」「広がる」「記録される」という特性が、生活を豊かにしたり便利に活用できたりすることがわかります。

 それでは、よさを生かす投稿について、さらに考えてみましょう。

スライド08

ネットへの投こうについて考えよう
何でも投こうしてもいいでしょうか？
・よい写真であっても、写る人の許可なくインターネットに投こうしてはいけません。
・公開されることをよく思わない人もいます。
・投こうする前に写っている人、家族、学校の先生に相談しましょう。

 まず1つ目です。よい写真や文章であれば、何でも投稿してもいいと思いますか。

・許可をもらわないで写真を使ってはいけない。

 そうです。よい写真であっても、写る人の許可なくインターネットに投稿してはいけないのです。自分ではよいと思っていても、公開をよく思わない人もいます。よい写真であっても、投稿する前に写っている人や家族、学校の先生に相談しましょう。

スライド09

ネットへの投こうについて考えよう
ペット、料理、風景の写真なら投こうしても安全でしょうか？
・写真には見えない情報が入っています。
・写真に位置情報が残っていたら、写真をとった場所がわかってしまうかもしれません。
・ペットや料理などの写真であっても、気をつけるようにしましょう。

 次に2つ目です。ペット、料理の写真なら、投稿してもいいですか。

・ペットや料理の写真はよいと思います。

 本当にそう思いますか。

 考える時間

🔊 インターネットに接続する機器で撮った写真には、見えない情報が入っています。写真に位置情報の記録を許可しない、と設定を変えなければ位置情報が残ります。室内で撮った写真に位置情報が残っていたら、写真を見た人が自宅の住所を調べるかもしれません。ペットや料理などの写真であっても、勝手に投稿せず、家族や学校の先生に相談するなど、気をつけるようにしましょう。

スライド10

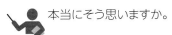

🔊 次に3つ目です。地震のお知らせなど人助けの情報なら、広めてもいいでしょうか。
・地震の情報や人助けになることは広めたほうがいいです。

🔊 本当にそう思いますか。

⏳ **考える時間**

🔊 確かに災害時には、インターネット上には、助けを求める情報などがたくさん流れます。しかし、正しい情報だけではなくデマ、ウワサ、本当かどうかわからない情報も流れてきます。情報が正しいか間違っているか、確かめることはとても難しいのです。勝手に広めると、人助けの邪魔となり、迷惑をかけてしまうこともあるかもしれません。

ここがPOINT

🔊 このように、よいことにつながる投稿だと思っていることも、時にはよいことにつながらない場合もあることを知っておきましょう。インターネットの3つの特性を生かして投稿、発信することはとても判断が難しく、家族や学校の先生に相談することが大切であると知っておきましょう。

🔊 今回、ヨシコさん、マユコさんの投稿はSNSのグループに投稿されました。

🔊 投稿は広がり、もう二度と消せないかもしれません。「ヒカリさんはきつい言い方をしなければよかった」という意見もありましたが、どのような理由があっても、勝手に写真を広めることは許されません。

🔊 ヒカリさんは、この時しなければいけなかったことがあったはずです。

それは何だと思いますか。
（相談する、という発言は出てこない）

スライド11

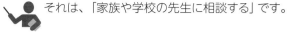 それは、「家族や学校の先生に相談する」です。

「家族や学校の先生に相談する」を板書

 ヒカリさんがひとりで解決することは難しいでしょう。写真や悪口が投稿されるなど、インターネット上やSNSで困ったことが起きた時は、すぐに家族や学校の先生などに相談することが大切です。忘れないように、ワークシートの1の「ヒカリがするべきこと」の欄に、家族や学校の先生に相談する、と記入しておきましょう。

3 まとめ

スライド12

 問3：これからインターネット、SNSに投稿する時には、どのようなことに気をつけたいと思ったか、「公開される」「広がる」「記録される」という特性を踏まえ、ワークシートの3に自分の考えを書きましょう。

記述が進まない児童には、ワークシートを読み返す、黒板を振り返る、などの声かけで気づきを促す。

考えたことを発表させる

 今日の宿題を覚えていますか。
今日学んだことを家族に伝え、話し合い、ワークシートの4に、家族の人から感想を書いてもらいましょう。

ここがイマドのポイント

　よいことにつながる投稿だと思い込んでいることでも、よい結果を生み出さない例があることに気づかせてください。
　「相談する」という発言は出てこないことが多かったため、「困った時は必ず家族や学校の先生に相談する」ことも確認してください。
　ワークシートの家族の人からの欄には、「私も子どもや料理の写真を投稿している」「写真の投稿には気をつけ、困ったら話そうと話し合った」など、学習に関心を寄せる感想が記述されます。保護者の感想は事後の活動や学級通信等で紹介してご活用ください。また、Webサイトの保護者用文書は、長期休み前、学級懇談時等でも配布することで、学習への関心や理解を継続することができます。

ワークシート ネットへの投稿について考えよう

▶ ネットへの投稿について考えよう

年　組　番
名前

1. それぞれの登場人物はどのように行動するべきだったのでしょう。

ヨシコ	ヒカリ
マユコ	ヒカリがするべきこと　※あとで記入します

2. インターネットの特性をふまえ、投稿する内容を考えましょう。

ネットの3つの特性	3つの特性の「よさを生かす投稿」は
・ ・ ・	
	3つの特性が「悪いことにつながる投稿」は

3. 自分がこれから投稿する時に気をつけることを書きましょう。
　※インターネットの3つの特性とあわせて考えましょう。

4. 家族の人から

実践事例 ▶ 5

●小学校高学年

インターネットを利用する時のルールを考えよう

題材目標 インターネットの過度な利用が日常生活や対人関係にあたえる影響を理解し、それを防ぐためにはどのような行動をするべきかを考え、適切な判断をすることができる。

▶ この教材の目指すもの

　内閣府の「平成28年度青少年のインターネット利用環境実態調査」によると、平日2時間以上インターネット接続機器を利用している小学生は32.5%で、平成26年度の24.1%から増加しています。スマートフォン利用に関し家庭で利用時間等のルールを決めている家庭は37.7%であり、これは平成26年度の17.8%より増加していますが、家庭での指導はまだ十分とは言えないのが現状です。日常生活に支障をきたすほど熱中する児童は少なくありません。

　本教材では、時間を守れない要因、解決策、約束を守る重要性を検討し、節度ある利用につなげます。過度な利用が日常生活や対人関係にあたえる影響も理解させることを目指します。授業実践後、児童のルールの捉え方は変わり、クラス全体で実行していこうと取り組む姿勢が見られました。目的をどのように捉えるかで、児童の興味、意欲は変わるのです。

▶ 事前の準備

・スライド資料の2～10を印刷し、必要に応じ黒板に掲示してもよい。特に、8と10は重要なスライドになるため、拡大印刷をして掲示してもよい。
・P.91のアンケートを実施し、質問2～6、8～15から、クラスの課題と思える結果を選び、まとめておく。

資料ダウンロード用URL ▶
https://www.nipponhyojun.co.jp/johomoral/

授業の展開

1 導入　5 min

スライド01

インターネットを利用する時の
ルールを考えよう

　今日の学習には宿題があります。今日学んだことを家族に伝え、話し合います。そして、ワークシートの6に、家族の人から感想を書いてもらいます。
　今日は、「家族に何を伝えるか」をよく意識しながら学習しましょう。

5、6年生用アンケートの2〜6、8〜15の中から、クラスの課題と思える結果を選び、グラフ等で提示する。

　アンケート結果を見てみましょう。気がつくことはありますか。

発言を板書

・動画サイトを見る人が多い。
・夜11時過ぎても遊んでいる人がいる。
・クラスの半分の人がルールを決めていない。

　今日はインターネットとのつきあい方の自分のルールについて考えてみましょう

2 展開　30 min

スライド02

インターネットを利用する時のルールを考えよう

問1
みなさんは平日夜、インターネットで
何をしていることが多いですか。
ワークシートの1に書きましょう。

　問1：皆さんは、平日夜にインターネットで何をしていることが多いですか。ワークシートの1に書きましょう。

記入したことを発表させる

・オンラインゲームで遊んでいます。
・動画サイトでユーチューバーの動画を見ます。
・SNSのグループトークをしています。

　「やめましょう」と言われたら、約束の時間が来たら、すぐにやめることができますか。

・やめられないことがある。

実践事例 ●5　インターネットを利用する時のルールを考えよう　41

スライド03

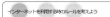

問2：なぜ、すぐにやめられないのでしょう。理由を考えてワークシートの2に書きましょう。

解答を板書
- グループトークが始まるとすぐにはやめられない。
- 好きなユーチューバーの動画は最後まで見たい。
- ゲームは仲間がいるから勝手にやめられない。
- ゲームや動画サイトは面白いからやめられない。

面白いからやめられない気持ちはとてもよくわかります。SNSを利用したりゲームや動画サイトで遊んだりすることは悪いことではありません。でも、毎日長い時間利用していると、どのような問題が起きてくると思いますか。

発言を板書
- ネット依存になる。
- 目が悪くなる。
- 勉強時間が減る。

スライド04

ネット依存になる、という意見が出ました。ネット依存とは、どのような状態になることか知っていますか。ネット依存とは、「インターネット上で、ゲームや動画サイト、LINEのようなSNSなどの利用を長い時間続けることで、日常生活、社会生活にさまざまな影響が出てくること」、と言われています。

ここがPOINT

> ネット依存が強まると、自分では利用時間を減らせなくなり、勉強時間や睡眠時間を削り、食事やお風呂なども忘れて熱中するようになります。そして、いつも不安になり、イライラするようになる、と言われています。

しかし、動画サイトやゲームは面白く、トークの返信も気になる。簡単にやめられないのは理由がありました。この理由が、皆さんの使い方の問題点ではないかと思います。

スライド05

問3：では、その問題点を解決できる方法を考えてワークシートの3に書いてみましょう。問題点によって、解決策も違ってきます。何を解決しなければいけないのかをよく考えましょう。

- グループトークを途中でやめるには、グループ仲間とどのような話し合いが必要ですか。
- 動画サイト視聴を約束の時間にやめるには、どのような工夫が必要でしょう。
- オンラインゲームの仲間には、やめる時間をどのように伝えますか。

グループ活動

時間をかけ話し合わせてください。簡単に解決策が出てこないことが多いです。その場合は、下記の解答例を参考にヒントを示して、児童が自分で気づくことができるよう促してください。

解答を板書

●グループトークはなかなかやめられない、という課題に対しては、
- トークグループに、夜8時以降は返事ができないと伝えておく。

●好きなユーチューバーの時間になったら見たくなる、という課題に対しては、
- 好きな動画はセーブしておく。

●ゲームは仲間がいるから勝手にやめられない、という課題に対しては、
- ゲーム仲間に遊べる時間を最初に伝えておく。

●すべての課題に共通して、
- スマホの通知をミュートにする。親に預ける。

スライド06

インターネットを利用する時のルールを考えよう

問4
問題点を解決できたら、自分や友達にどのようなよいことがありますか。

たくさん考えましょう。

問4：解決策が出てきました。では、もう少し考えてみましょう。やめましょうと言われた時や約束の時間にやめることができたら、自分や友達にはどのようなよいことがあると思いますか。ワークシートの4に書きましょう。

●例えば、
- グループトークの仲間に、利用時間を伝えておいたら、自分や友達にはどのようなよいことがあるでしょう。
- 動画サイトの視聴時間を決めたら、空いた時間にはどんなことができるでしょう。
- ゲーム仲間にやめる時間を伝えたら、自分やゲーム仲間にはよいことがありますか。

スライド07

インターネットを利用する時のルールを考えよう

ヒント
- トークの仲間に、利用時間を伝えておいたら、自分や友達にはどのようなよいことがあるでしょう。
- 動画サイトを見る時間を決めたら、空いた時間にはどんなことができるでしょう。
- ゲーム仲間にやめる時間を伝えたら、自分やゲーム仲間にはよいことがありますか。

解答を板書

- 友達に返信ルールを伝えたら、みんなが返信に縛られず楽になる。
- 空いた時間ができたら、勉強や本を読む時間が増える。
- ゲーム仲間と遊ぶ時間の約束をしたら、みんなが抜けやすくなる。

実践事例●5　インターネットを利用する時のルールを考えよう

ここがPOINT

🎤 使い方の問題点を解決すると、よいことがあるのですね。問題点の解決策が、皆さんのルールになるのではないでしょうか。ルールとは、皆さんを縛るものではなく、健康的で気持ちよい生活を送りながら、もっとインターネットを楽しく活用できるようになるために必要なものなのです。ルールは怒られるから守るのではなく、皆によいことが待っているから守るのです。このよいことが、ルールを守ることの目的になります。何のためにルールを守るのか、自分のためではないのか。このルールを守る目的をしっかり考えることが大切なのです。

3 まとめ 10 min

🎤 問5：それでは、問題点を解決する方法や目的を意識しながら、自分のインターネットとのつきあい方のルールを考えワークシートの5に書きましょう。
大切なことを言います。よく聞いてください。
（作成したルールを元に、各自のルールを明示したポスターを作ってもよい）

- これなら実行できると思えるルールにしましょう。「何時から何時まで使用する」というように具体的に書いてください。
- いつから実行するのかも大切です。今日からですか。明日からですか。
- ルールを実行するために助けてくれる人や使用する物は何でしょう。「家族」「友達」「スマホの設定」「タイマー」など
- ルールが守れたかどうか、確かめる方法を考えましょう。「毎日または一週間ごとにチェック」「クラスで報告」「朝の会で発表」など

考えたことを発表させる

🎤 今日の宿題を覚えていますか。
今日学んだことを家族に伝え、話し合い、ワークシートの6に家族の人から感想を書いてもらいましょう。

ここがイマドのポイント

　ルールは、決めるだけでは守れません。ルールは縛るものではなく、「ルールを守ることでさまざまなよいことがある」とポジティブに捉え、継続の意欲を高めることがポイントです。守れるルールを作るために、「問題点」「解決策」「守れた時のよいこと」を検討します。子どもは抽象的で実現困難な目標を書きがちですが、「何時間ですか」「本当に実行できますか」と語りかけ、具体的な数値目標、実現可能な目標を考えさせてください。いつから始めるのか、どうやってチェックするのかも検討し、1週間程度経過後に、P.47の振り返りカードで確認しましょう。
　ワークシートの家族の人からの欄には応援や励ましなどポジティブな言葉を記入してもらえるようWebサイトの保護者用文書をご活用ください。

インターネットを利用する時のルールを考えよう

年　　　組　　　番

名前

1. 私はインターネットで ［　　　　　　　　　　］ ことが多いです。

例：オンラインゲーム、動画サイト、ライン、芸能人のブログ、マンガを読む、など

2. なぜ、すぐやめられないのでしょう。理由を書きましょう。

例：トークを読まないと気になる。動画の続きが見たい。ゲームの仲間がいてやめにくい、など

3. 問題点を解決できる方法を考えてみましょう。

見たい動画をガマンするには、ゲームをやめるには、メッセージが次々来た時には、どうしますか。

4. 問題点が解決できたら、どのようなよいことがあると思いますか。

①

ワークシート　　　　　　　　　　　　　　　　　　　　インターネットを利用する時のルールを考えよう

5. インターネットとのつきあい方の私のルールを書きましょう。

ルール

使う時間、曜日、場所、などを具体的に書きます	例：利用時間を１時間以下にする、夜９時まで使う、土日だけ遊ぶ、など
いつから実行する?	
だれが助けてくれる? 設定は? 使用するものは?	
守れたかどうか確かめる方法は?	

6. 家族の人から（ルールを応援する言葉、励ます言葉、褒め言葉をお願いします）

ふり返りカード　　　　　　　　　　　　　　　　　　　インターネットを利用する時のルールを考えよう

▶ インターネットを利用する時の ルールを考えよう

| 年 | 組 | 番 |

名前

1. インターネットとのつきあい方の私のルールを書きましょう。

ルール

使う時間、曜日、場所、などを具体的に書きます	例：利用時間を１時間以下にする、夜９時まで使う、土日だけ遊ぶ、など
ルールを作ってよかったと思うことを書きます	

2. 何日間、実行しましたか。

3. ルールは守れましたか。

① 毎日守れた　② 時々守れない日があった　③ まったく守れなかった

4. ルールを守るために難しいと思ったことを書きましょう。

5. 難しいと思ったことはどのような工夫で解決できるでしょう。

6. 家族の人から（応援の言葉をお願いします）

実践事例 ▶ 6

●中学校、高等学校

情報の信頼性・信憑性

題材目標　情報の信頼性、信憑性の判断の仕方や評価する方法について理解し、情報社会で生活する人間に配慮する態度を持ち、情報を批判的に読み解く能力を身につける。

▶ この教材の目指すもの

　青少年インターネット利用環境実態調査によると、阪神・淡路大震災が発生した1995年はスマートフォンがほぼ使用されておらず、東日本大震災が発生した2011年は、高校生のスマートフォン普及率は6.8%、熊本地震が発生した2016年では94.8%となり、2011年から急速に高校生にスマートフォンが普及したとわかります（内閣府2017）。

　個人がネット接続できる端末を常に携帯することで、さらにSNSが普及し、情報の収集や発信が容易になりました。しかし、そのために膨大な情報から必要な情報を見きわめることは難しくなりました。情報を批判的に読み解く、メディア・リテラシー能力の育成が求められています。

　メディア・リテラシーとは、「(1) メディアの意味と特性を理解したうえで、(2) 受け手として情報を読み解き、(3) 送り手として情報を表現・発信するとともに、(4) メディアのあり方を考え、行動していくことができる能力」と定義されています（中橋2014）。震災が起きた時にSNS等で流れる情報例を提示し、情報の送受信時にどのような行動をとるべきかを、「メディア・リテラシー」の視点から検討させることがこの教材のねらいです。

▶ 事前の準備

・スライド資料の12、19、20は重要なスライドになるので、印刷し黒板に掲示してもよい。

資料ダウンロード用URL ▶
https://www.nipponhyojun.co.jp/johomoral/

授業の展開

1 導入

スライド01

情報の信頼性・信憑性
震災の情報から考える

情報社会を生きる私たちは、日々さまざまな情報を受け取っています。情報を受信、発信する時にどのように行動していけばよいのかを、一緒に考えましょう。

スライド02

授業の予定
1. 情報の見きわめ方
2. 事実と個人的な意見
3. 情報の拡散の責任
4. 教員の意見

授業では震災時の情報の取り扱い方の例を中心に検討をします。震災が起きた時の状況を想像し、情報の拡散と責任について考察をします。

2 展開

スライド03

1. 情報の見きわめ方

<1. 情報の見きわめ方>

スライド04

1. 情報の見きわめ方

【拡散希望】
○○市内のイナガキ マンションに閉じ込められている子犬がいるらしい。
すぐに救助をお願いしてほしい。

住所
〒000-0000
○○市□□町1-2-3
イナガキ マンション 204号

大きな震災がありました。このような情報が流れてきたとします。

この情報を投稿したのが、学者だったら、芸能人だったら、新聞社だったら、親しい友人だったら、知り合いだったら、ネット上だけの知り合いだったら、あなたは拡散しますか。

スライド05

1. 情報の見きわめ方

問1
あなたは誰の投稿であれば拡散しますか？

● 学者？　● 親しい友人？
● 芸能人？　● 知っている人？
● 新聞社？　● ネット上の知人？

問1：あなたは誰の投稿であれば拡散をしますか。ワークシートの問1に記入しましょう。

実践事例 ◉6　情報の信頼性・信憑性　49

記入したことを発表させる

- 「学者」「芸能人」「新聞社」「知っている人」「ネット上の知人」は拡散しない→実際に会うことのある、仲の良い知り合いでないと拡散しない。
- 「親しい友人」→拡散する。

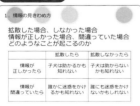

「親しい友人の投稿なら拡散する」「誰の投稿でも拡散しない」という意見が多いようです。この情報を拡散した場合と拡散しなかった場合、また、情報が正しい場合と間違っていた場合にどのようなことが起こるか考えてください。

グループ活動
自分の考えをまとめた後、グループで話し合います。

考える時間

 情報が正しいのか間違っているのか、どのように見分ければよいのでしょう。もう一度情報を見直してみましょう。

☐ 生徒の意見に反論し、さまざまな可能性を意識させる。

発表を板書

- 本当に救助をして欲しいならば自分で救援を呼ぶはず。
  →本当に電話等ができない状況かもしれません。
- 「らしい」という表現が怪しい。
  →本当に大変な状況かもしれません。

 この情報は誰が発信したものであるかわかりますか。
いつ発信された情報かわかりますか。

考える時間

 この情報だけではどちらもわかりません。誰から発信されたのかもわかりませんし、もう解決しているのかもしれません。

👤 この情報は「善意」であると思いますか。

⏳ 考える時間

👤 この情報だけでは、いたずらなのか善意なのかは、わかりません。

👤 この情報が正しいものかどうかを判断するのには、あまりに情報が少ないのです。情報が少ないためさまざまな解釈ができてしまうのです。

👤 それでは、情報が間違っていないかを確かめるために、どのようなことを確認すればよいでしょうか。

⏳ 考える時間

☐ 難易度が高い質問であるため、発言が出ないこともあり得るので、その場合は説明する。

スライド08

情報が間違っていないかを確かめるために
・発信源が明確か。
・日時や場所が明確に記されているか。
・誰が責任を取るのか。
・他のメディアで情報の信憑性を確かめられるか。
・善意であることが確かめられるか。

スライドを掲示

・情報源が明確か。
・日時や場所が明確に記されているか。
・誰が責任を取るのか。
・他のメディアで情報の信憑性を確かめられるか。
・善意であることが確かめられるか。

👤 情報が間違っていないかを確かめるためには、これらのことを意識することが重要です。

👤 例えば東日本大震災の時、孤立している地区の支援物資を求めるツイートを流しました。状況が改善された後も情報は拡散し続け、その結果、問い合わせが続き混乱を招いてしまいました。

ここがPOINT

👤 情報に個人的な感想を追記し拡散する行為も、情報の誤解、発信日時が不明になるなどの混乱を招くことがあります。情報の信憑性を確かめ、発信に責任を持つことはとても重要なのです。

スライド09

<2. 事実と個人的な意見>

👨‍🏫 情報を受け取った時には、事実と個人的な意見が混同していないかを判断し、切り分けて考えることも大切です。

スライド10

👨‍🏫 問2：「○○ちゃんは怒った顔して、こっそり教室を出て行ったよ。感じ悪いね〜。」
こんなメッセージが届きました。あなたは○○ちゃんにどのような印象を持ちますか。

⏳ **考える時間**

👨‍🏫 それでは、この文章から、事実と個人的な意見を抜き出し、ワークシートの問2に書きましょう。

グループ活動
自分とグループ内の意見を比べます。他者の意見は青色で記述してください。

解答を板書
・ 「怒った顔」「感じ悪い」「こっそり」は個人的な意見
・ 「○○ちゃん」「教室を出ていった」は事実

👨‍🏫 皆さんの意見を反映し文面を修正します。

スライド11

スライドの文を読む

👨‍🏫 この文面では、○○ちゃんに、どのような印象を持ちますか。

⏳ **考える時間**

👨‍🏫 印象は変わったでしょうか。

👨‍🏫 情報は、事実と個人的な意見が含まれ発信されることが多いのです。個人的な意見を事実と誤認することもあるので、事実と個人的な意見を切り離して受け取ることはとても大切です。

また、このような事実を丁寧に書いた文面であっても、伝えられている情報だけではなく、伝えられていない情報もあるかもしれないということを考える必要があります。例えば、「○○ちゃんはお腹が痛くて、怒ったような顔をして教室を出ていった」のかもしれません。伝えられていないから事実ではないと考えるのではなく、伝えられていない事実もあるということを意識することも大切です。

新聞、テレビ、インターネットなどで目にする情報も、伝えられていないことは何かを常に意識し、検討するようにするとよいでしょう。

問1と問2で学んだことをまとめます。情報を受け取る際、正しい情報かどうかを見きわめるために大切なことは何ですか。

考える時間

問1で学んだことは、①情報源が明確であること、②日時や場所が明確に記されていること、③誰が責任を取るのかが明確であること、④他のメディアで情報の信憑性を確かめられること、⑤善意であることが確かめられることでした。
そして、問2で学んだことは、⑥事実と個人的な意見を切り分けること、⑦伝えられている情報だけではなく、伝えられていない情報もあるということを意識することです。

受けた情報を拡散できる立場になることもあります。次は、その時にどのように行動すればよいのかを考えましょう。

<3. 情報の拡散の責任>

問3：あなたは震災時に情報を拡散することは必要であると考えますか。ワークシートの問3に書きましょう。

 発表しましょう。

発表を板書
● 必要である
・情報は多いほうがいい。
・困っている人を助けることができる。
● 必要ではない
・情報が古くなっていたり間違っていたりしたら迷惑がかかる。
・自分の拡散で助かる人は少数。混乱させる可能性もある。

 情報を拡散することは必要であるかを考えました。その際に情報を見きわめるために何が必要であるかを確認し、どのような情報であれば拡散してよいのかを考えましょう。

□ 生徒の状況を見て、①〜⑦の情報を見きわめるために大切なことを再度伝える。

考える時間 ・・・・・・・・・・・・・・・・・・・・・・・・・・・・・・・・・

 正しい情報かどうか、見きわめることが大切だと学びました。では、正しい情報であれば拡散をしてもいいのでしょうか。

スライド15

 こんな写真が投稿されました。あなたはこの写真を友人に拡散しますか。

・しない。

 なぜですか。

・顔がうつっているから。
・送った人に許可をもらってから、送るべきだと思うから。

スライド16

ここがPOINT

> そうです。正しい情報であっても、広く公開されることを誰もが望むわけではありません。削除も困難になる。顔がうつり込んでいたら肖像権も考えなければいけません。情報が正しければ、公開、拡散してもいいわけではないことも意識しましょう。

ある最近の震災では、デマツイートが流されました。故意にデマツイートを流すことは罪に問われるのでしょうか。

スライド17

「おい、ふざけんな、地震のせいでうちの近くの動物園からライオンが放たれたんだが」といった内容がツイッターに投稿されましたが、これはデマでした。

約2万回リツイートされ、地域の動物園には100件を超える問い合わせがあり、警察にも多数の相談が寄せられました。

その結果、この投稿をした人は「偽計業務妨害」の疑いで逮捕されました。デマを拡散する行為は、罪に問われることがあるのです。

では、もう一度、震災時に情報を受け取る責任、発信する責任について考えてみましょう。

非常事態時には難しい判断を迫られることもあります。日頃から官公庁や行政機関の情報を受信、購読していると、信頼できる情報が受け取りやすくなります。さまざまなメディアで情報を確かめることも大切です。ネットのリアルタイム検索や多様な報道機関でも同じ情報が伝えられているか調べるといいでしょう。

「拡散」は、人命救助に向けた「行動や確認」に必ずしもつながらないことも意識しておきましょう。

3 まとめ

スライド18

<4. 教員の意見>

 私から意見をいいます。この意見を聴いて、意見や感想があればワークシートに書いてください。

スライド19

ここがPOINT

 情報は情報に過ぎません。あなたが経験したことではないのです。すべての情報は人によって構成、編集されたものです。だから、主観も入ります。しかし、100の情報に99の嘘があっても、1の真実があれば、その情報で助かる命があるかもしれません。だから、情報を見きわめ、真偽を確かめることが大切になるのです。

スライド20

 情報社会を生きる私たちは、情報を受信、発信する時にどのように行動していくべきか、しっかり考えていきましょう。

 授業の感想を書いてください。

ここがイナガキのポイント

　言葉の表現や発信者の親密度や知名度で情報を信頼する生徒に、「情報の発信源」「情報の新旧」「責任の所在」「他のメディアとの比較」「善意であるか」「事実と意見の区別」「発信されていない情報もあるという視点」などから情報を見きわめることが大切であると意識させることがポイントです。
　玉石混交な情報が氾濫している現代、メディア・リテラシーは、情報社会で生き、行動するために必要な能力となりました。どのような情報も発信者により構成、編集されると理解することが大切です。また、情報を読み解くだけではなく、情報の伝え方を考え行動できる力が必要です。災害時など緊急の場面でも、情報に対し適切な判断をし行動ができるようになることもこの教材のねらいです。情報の信頼性・信憑性について家庭でも日常的に話す機会を持てるようWebサイトの保護者用文書も活用ください。

ワークシート　　　　　　　　　　　　　　　　　　　　　　　　情報の信頼性・信憑性

▶ 震災の情報から考える

年	組	番

名前

問1　投稿した相手が誰だったら拡散しますか？（簡単に理由も書く）

①学者　拡散する・拡散しない 　理由：	④親しい友人　拡散する・拡散しない 　理由：
②芸能人　拡散する・拡散しない 　理由：	⑤知っている人　拡散する・拡散しない 　理由：
③新聞社　拡散する・拡散しない 　理由：	⑥ネット上の知人　拡散する・拡散しない 　理由：

問2　「事実」または「個人的な意見」であると思うところを書き出してみましょう。

・事実

・個人的な意見

問3　あなたは情報を拡散（リツイート）することが必要であると考えますか？

　　　必要である　　　必要ではない

　　　理由：

この授業の感想や意見を書きましょう。

実践事例 ▶ 7

●中学校、高等学校

文字によるコミュニケーション

題材目標　メッセージの表現の相違によって、印象が変化することを体験する。そして、インターネット上の文字によるコミュニケーションを通じて、よりよい人間関係を構築するためには、どのような考え方や配慮が必要であるかを考え判断をする。また、その結果を適切に表現することができる。

▶ この教材の目指すもの

　ベネッセ教育総合研究所による、中高生のICTの利用実態調査（ベネッセ2014）の結果によると、中学生の64.8％、高校生の92.1％がメールやLINE、Twitterなどネットワーク上でのコミュニケーションツールを利用しています。また、「メールがきたらすぐに返事を出す」という問いに対して、「とてもそう」、「まあそう」と回答する生徒は中学生で63.3％、高校生で59.8％であり、ネットワーク上のコミュニケーションを大事にしている様子がうかがえる一方で、「メールのやりとりが嫌になることがある」と感じている生徒は、中学生で28.2％、高校生で51.6％と少なくありません。

　この報告からもわかるように、中高生の生活にとってネットワーク上の文字によるコミュニケーションは大きな存在となっており、その利用のあり方について生徒同士で検討が必要です。ネットワーク上のコミュニケーションは文字で行われることが多いからこそ、注意すべき点や他者への配慮が必要であることへの気づきを、生徒自身で得られることを目指しています。メッセージの表現の相違によっての印象が変わることを体験し、文字によるコミュニケーションによって生じる「ネットいじめ」について検討をさせることがこの教材のねらいです。

資料ダウンロード用URL ▶
https://www.nipponhyojun.co.jp/johomoral/

授業の展開

1 導入

スライド01

文字によるコミュニケーション

ネット上の文字によるコミュニケーションと、直接会って話すコミュニケーションは異なります。その違いを確認し、私たちはどのように利用すればいいのかを一緒に考えましょう。

スライド02

文字によるコミュニケーション

授業の予定
1. ネット上のコミュニケーションならではのよさ
2. 文字での表現で気持ちを伝えるには
3. 文字での表現を変えることで伝わり方が変わるのか
4. 教員の意見

本授業を通して、ネット上の文字によるコミュニケーションにおいて意識すべき点を、事例を見ながら皆さんで検討します。

2 展開

<1. ネット上のコミュニケーションならではのよさ>

ネット上のコミュニケーションならではのよさについて考えます。ネット上のコミュニケーションといえば何が思いつきますか?

 考える時間 ·············

発言を板書
- LINE
- メール
- Facebook

そうですね。どれも多くの人が利用しています。

スライド03

1. ネット上のコミュニケーションならではのよさ

問1
ネット上のコミュニケーションならではのよい点と悪い点を挙げてください。

問1:ネット上のコミュニケーションのよい点と悪い点をワークシートの問1に書いてください。書く時には、電話や手紙とは異なる点を意識してください。

実践事例 ●7 文字によるコミュニケーション   59

> **グループ活動**
> 自分の意見は黒で記入、他者の意見は青色で記入します。グループ内で自分の意見を発表し、グループで出された意見を発表します。

> **発表を板書**
> ●よい点
> ・写真や動画が送れる。
> ・グループで簡単に連絡できる。
> ・既読がつく。やり取りが記録される。
> ●悪い点
> ・相手の気持ちがわかりにくい。
> ・既読がつく。
> ・他のグループのやり取りが気になる。

👤 グループ内でやり取りができるというネット上のコミュニケーションの特性は、便利である反面、グループ内のやり取りそのものが気になるようです。

スライド04

<2. 文字での表現で気持ちを伝えるには>

👤 ここで、アプリのトーク画面を見てみましょう。
ミイは、今の気持ちとしてうれしいのでしょうか、うれしくないのでしょうか、どちらであると思いますか。理由も考えましょう。

スライド05　　**スライド06**

 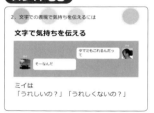

> **発言を板書**
> ・（うれしい）きちんと返信をしているから。
> ・（うれしくない）絵文字、顔文字が入っていないから。

スライド07

👤 うれしいという意見と、うれしくないという意見がありますね。次のやり取りも考えてみます。マイはタマミにお土産を買っていきたいのでしょうか、買っていきたくないのでしょうか、どちらであると思いますか。

これはどちらとも受け止められます。肯定の「いいよ」も否定の「いいよ」もあり得ます。その前のやり取りにある「そーなんだ」をどう受け止めるかによって、「いいよ」の受け止め方も変わると考えられます。

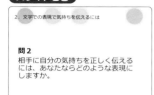

問2：あなたが、タマミにお土産を買っていきたいと考えているとします。その気持ちを正しく相手に伝えるには、「いいよ」をどのような表現にすればよいと思うか、ワークシートの問2に書いてみましょう。

問3：次の①〜⑦で、あなたの気持ちが一番伝わると考えた回答はどれですか。

挙手させ、人数を板書

「いいよ(^^)/」「いいよ!」「買っていこう」が多いです。この結果を見て、気がつくことはありますか。

 考える時間 ‥‥‥‥‥‥‥‥‥‥‥‥‥‥‥‥‥‥‥‥

そうですね、人によって「気持ちが伝わる」と感じる表現は異なることがわかります。

では、全員に同じ気持ちが伝わるためには、どのように伝えればよいでしょうか。

発言を板書

・買っていこう(^^)/　買っていこう!

ここがPOINT

全員が同じように受け止めることは、難しいということがわかりました。
文字によるコミュニケーションは、表情やイントネーションなどの情報が少ないため、話す時と同じようには伝わりません。しかし、文字だけのコミュニケーションを繰り返していると、同じように伝わると錯覚してしまうことがあります。人によって受け取り方は異なるのですから、話す時と同じように伝わっているかを意識しながらやり取りをすることが大切なのではないでしょうか。

<3. 文字での表現を変えることで伝わり方が変わるのか>

次のやりとりを見てください。ある中学生のバスケットボール部にトークグループがありました。ある日、別のグループができました。このやり取りは、そこから始まります。みなさんは、自分が「アイ」だと思ってやり取りを読んでください。

「タマミ」はこのグループのメンバーではありません。また、「アイ」は「タマミ」とは仲が良いようです。この状況をみて、次の問いに答えてください。

 問4：あなたが「アイ」なら、このあと、どのように発言しますか？

グループ活動
自分の意見を黒で記入、他者の意見は青色で記入します。

発言を板書
・忙しいだけかもしれないよ。
・そうなのかもね〜（当たり障りのない返事）

一番多いのは「当たり障りのない返事を言う」という人です。空気を読む人が多いようです。

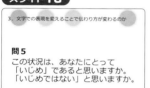

 問5：この状況は、あなたにとってタマミに対する「いじめ」であると思いますか。「いじめではない」と思いますか。どちらかを選びその理由をワークシートの問5に記入してください。

グループ活動
まず、自分の意見を黒で記入、他者の意見は青色で記入します。

> **発言を板書**
> - ●いじめである
> - ・見えないところで悪口を言いうのはいじめである。
> - ●いじめではない
> - ・はずされた子がまだ知らないのでいじめではない。

「いじめである」と思う人が多いようです。

それでは、少し言葉の使い方を変えて、先ほどのトークを見てみましょう。

スライド17

スライド18

スライド19

スライド20
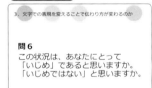

問6：この状況は、あなたにとって「いじめ」であると思いますか。「いじめではない」と思いますか。どちらかを選び、その理由をワークシートの問6に記入してください。

> **グループ 活動**
> 自分の意見を黒で記入、他者の意見は青色で記入します。

> **発言を板書**
> - ●いじめである
> - ・言葉が違うだけで、内容は変わっていない。
> - ・はずされていることには変わりない。
> - ●いじめではない
> - ・相談だからいじめではない。

今回は「いじめはない」と思う人が多いようでした。

1つ目も2つ目も、なぜ「いじめ」ではないという意見があるのでしょうか。タマミの立場、タマミ以外の立場に立って考えてみましょう。考えたことを意見の欄に記入してください。

実践事例●7　文字によるコミュニケーション

3 まとめ

今日の授業を受け、みなさんはどのように考えたでしょうか。ここで、私の意見をいいます。事例2の2つの状況はどちらも「グループはずし」です。よって、両方とも「いじめ」であると考えています。2つの状況では、印象が違うと思った人も多くいると思います。2つ目の状況は相談しているようにも見えます。しかし、口調が違うだけで、話している内容は同じなのです。文字だけで思いを伝えることは難しいのです。気持ちがうまく伝わらず、誤解をされることもあります。

陰での噂話は誰もが経験があるでしょう。本人が知らなければ、いじめではないと思うかもしれません。しかし、あなたが当事者だったら、それでもいじめではないと思うでしょうか。誰かがこのトークの履歴をタマミに見せた時に、タマミはどのように思うでしょうか。私の意見も踏まえてワークシートの自分の意見の欄に記入してください。

発表を板書

- タマミがこのトークの履歴を見ると「いじめ」だと感じる。
- タマミは嫌な気分になる。

ここがPOINT

人によって「いじめ」の受け止め方は異なります。自分はいじめではないと受け止めていても、いじめだと受け止めて、つらい思いをする人もいます。また、ネット上の文字によるコミュニケーションの履歴は記録として残ります。他の人も読む可能性があり、それを読んだ時にどのように受け止めるかも人によって違うのです。そして、それらはデータ、証拠として残ることも忘れてはいけません。

授業の感想と意見を書いてください。

ここがイナガキのポイント

　感想や意見では、「今までここまで深くコミュニケーションについて考えることはなかった」「文字だけでは伝わりにくいことがたくさんあると気づいた」「身近な問題だから考えさせられた」「人それぞれ受け止め方が違うことを知ることができてよかった」などの感想が見られました。

　この教材により、生徒は日常的に利用しているインターネット上の文字によるコミュニケーション特有のよい点や悪い点を理解します。また、人によって異なるメッセージの受け止め方をすることに気づきます。そして、真意を伝えることの難しさについて意識するようになります。生徒に相手を意識したネット上の文字によるコミュニケーションを心がけることを伝えることが、この教材のポイントとなります。さらに、文字によるコミニュニケーションはデータとして残ることも伝えるとよいでしょう。

ワークシート

文字によるコミュニケーション

▶ ネット上の文字による コミュニケーションを考える

年	組	番

名前

問1 ネット上のコミュニケーションならではのよい点と悪い点を挙げてください。

よい点	悪い点
その理由	その理由

問2 相手に自分の気持ちを正しく伝えるには、どのような表現にすればよいと思いますか?

問3 以下の①〜⑦でタマミに「お土産を買っていきたい」という気持ちが一番伝わる返事は どれであるとあなたは感じますか?

①いいよ ②いいよー ③いいよ〜 ④いいよ!

⑤いいよ (^^)/ ⑥いいよ☆彡 ⑦買っていこう

問4 あなたが「アイ」ならば、このあと、どのように発言しますか?

問5 この状況は、あなたにとって「いじめ」であると思いますか? どちらかを選び、その理由 も書いてください。

いじめである　　いじめではない　　理由:

問6 この状況は、あなたにとって「いじめ」であると思いますか? どちらかを選び、 その理由も書いてください。

いじめである　　いじめではない　　理由:

自分の意見

裏面にこの授業の感想と意見を書いてください。

実践事例 ▶ 8

●中学校、高等学校

ネット依存とルール

題材目標　スマートフォンを利用したゲームやSNSなどがやめられない理由やその影響を理解する。インターネット接続機器としての特性を理解し、スマートフォンにどのように関わっていくかを考え、ルールを守ろうとする行動に移せる。

▶ この教材の目指すもの

　スマートフォンの急激な普及により、多くの中高生は、さまざまなサービスやコンテンツをいつでも携帯、確認できるようになりました。その結果、常に利用せずにはいられないインターネット依存状態の生徒が増えています。

　勉強中であっても、インターネット機器を利用してしまうのは理由があります。その理由を明確にし、どうしたら乗り越えることができるか、乗り越えたらどのようなメリットがあるかを検討します。「ルールとはポジティブなもの」と捉え、適切な利用を実行することに前向きに取り組もうとする態度を養うことがこの教材のねらいです。これまでの実践では、生徒が自身の使い方の課題や傾向を意識することで、具体的で実現可能な目標を立てることができました。

▶ 事前の準備

・スライド資料の2～11を印刷して黒板に掲示してもよい。特に、8～10は重要なスライドになるため、拡大印刷をし掲示してもよい。

・P.92、93のアンケートを実施し、クラスの課題と思える結果を選び、集計するなどまとめておく。（質問15～32は依存傾向を見るための質問。回答①や②に多く丸がついている質問番号を特に確認する。）

資料ダウンロード用URL ▶
https://www.nipponhyojun.co.jp/jchomoral/

授業の展開

1 導入　5 min

スライド01

事前アンケートを基に、気がついたことを発表しましょう。

中学高校用アンケートの中から、クラスの課題と思える結果を選び、グラフ等で提示する。

解答を板書
・投稿動画を見ている人がかなり多い。
・ネット利用が深夜12時を超える人がいる。

それでは、このような使い方を踏まえて、自分のスマートフォンやSNSとのつきあい方について考えてみましょう。

2 展開　30 min

スライド02

問1：勉強を始めようと思った時、次のような状況になったら、スマートフォンを使いますか。「使う」か「使わない」か、思い当たるものすべてに〇をつけてください。

スライド03

① 親しいグループのトークが始まった
② 部活や学校の要件のメッセージが来た
③ 大事な友人からメッセージが来た
④ 懐かしい友人からメッセージが来た
⑤ よく遊んでいるゲームがしたくなった
⑥ SNS（Twitter、Instagramなど）の通知が来た
⑦ よく視聴するSNSや動画が見たくなった

スライド04

問2：使うと○をつけたのはなぜか、理由を考え問2に記入しましょう。問1ですべて使わないと回答した人は、今後使ってしまうかもしれないと思うものを選んで、その理由を書きましょう。

> 理由を板書
> - 部活の連絡は早く確認し返信しなければいけない。
> - 友達からのメッセージは大事な話かもしれないので無視できない。
> - 返信しないと後から陰口などを言われる。

問1の①～⑦の状況が勉強中に起こった場合に、どのような対応をとることが望ましいでしょうか。

> 発言を板書
> - 勉強中は使わないほうがいい。
> - 勉強中はSNSの通知を確認しない。

勉強中は返信しない、反応しないことが望ましい、という意見が多いです。でも実際は、問2のような理由があるため、使ってしまうのですね。

その理由が、スマートフォンと上手につきあうために乗り越えなければならない課題なのです。

部活の連絡は早く確認しなければいけないのではないか、SNSは返信しなければ陰口を言われるのではないか、などの課題を乗り越えなければ、望ましい対応をとることは難しいのではないでしょうか。

スライド05

重要な発問 問3：では、どうすれば課題を解決することができるのでしょうか。具体的な解決策を考えてみましょう。

> **グループ活動**
> まず自分の意見を書き、そのあと、グループで話し合い、みんなの意見をまとめましょう。

> 発表を板書
> - 着信が気にならないようスマホを機内モードにしておく。
> - 大切なグループのみを通知にしてあとはミュートにしておく。
> - 何時から何時までは見られないと事前に友人に伝えておく。

スライド06

🗣 問4：課題が解決できた時、どのようなメリットがあるのでしょう。

解答を板書
- 通知をミュートにすることで着信が気にならなくなる。
- 勉強に集中できる。
- 友人も既読や返信に縛られずに楽になれる。

スライド07

🗣 問5：さらに考えます。解決するために必要な環境、助けてくれる人、設定などを具体的に書き出しましょう。

解答を板書
- スマホのミュート機能を細かく設定する。
- 家族にスマホを預かってもらう。
- 友人と連絡を取る時間を決めておく。

3 まとめ

スライド08

ここがPOINT

🗣 ネット依存は、大きく分けて、ゲーム、動画サイトなどに熱中する「コンテンツ依存」と、LINE、InstagramなどSNSに熱中する「つながり依存」があると言われています。
「コンテンツ依存」は、極端な長時間利用になりやすく、射幸性の高いゲームなどに熱中すると、金銭的なトラブルを引き起こすこともあります。
「つながり依存」は、隙間時間に絶えずSNSを確認し、結果的に長時間利用になります。スマホを触っていない時も他のことができなくなるほど不安感が続き、相手への不信など自分の思い込みを認識することもできなくなることがあります。

スライド09

🗣 いずれも依存傾向が強まると、自力で利用時間の調整が困難になり、勉強や食事、睡眠時間などを削って熱中するようになり、健康面、精神面にさまざまな悪影響を及ぼすことがあります。

実践事例 ●8 ネット依存とルール

皆さんは「コンテンツ」と「つながり」と、どちらに依存しやすいと思いますか。

それぞれ挙手で尋ねる

スライド10

ネット依存傾向になると
- 自力で利用時間の調整が困難になる。
- 勉強、食事、睡眠時間を削り熱中する。
- 睡眠障害、昼夜逆転
- 視力低下、腰痛など健康を害する。
- 家族への暴言、暴力、友達を失う、金銭トラブルなど、日常生活にさまざまな影響を及ぼすことも。

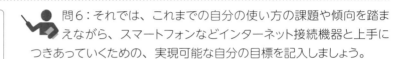 依存しやすいと思える傾向がわかりますね。自分は「コンテンツ」と「つながり」の、どちらに依存しやすいのか、なぜ熱中するのか、どのように距離を置いてつきあっていくべきなのか、要因と行動と目的がどうつながるのかをしっかり意識できるようにしましょう。

スライド11

問6
スマートフォン、ネットと上手につきあうための
自分が実現可能な目標を書きましょう。

 問6：それでは、これまでの自分の使い方の課題や傾向を踏まえながら、スマートフォンなどインターネット接続機器と上手につきあっていくための、実現可能な自分の目標を記入しましょう。

目標（ルール）を発表させる

今日の授業の感想を書きましょう。

ここがイマドのポイント

　スマートフォンなどの利用のルールは、抽象的な目標やスローガンを立てるだけでは行動につながりません。要因を自覚し、具体的な解決策を検討することで、実現可能な行動目標を絞り込めます。目標（ルール）を叶えるための環境や手助けしてくれるものも具体化すると実現に近づけます。そして、ルールは「実現するとよいことがある」と、ポジティブに捉えることがポイントです。
　完成したルールはクラスで共有し、事後の活動で継続できているかを確認します。継続できない場合は、その要因を再度検討し修正します。このように、ルール → 実行 → 反省 → 修正 → 達成と繰り返すことが大切です。事後の活動は、学習後1週間経過した頃から、P.73の振り返りシートを使って行ってください。
　家庭での生活習慣を見直すためにも、Webサイトの保護者用文書も活用ください。

ワークシート

ネット依存とルール

▶ スマートフォン・SNSの適切な利用ルールについて考えよう

年	組	番
氏名		

問1 勉強を始めようと思った時、次のような状況になったら、スマートフォンを使いますか。どちらかに○をつけてください。

状況	使う	使わない
① 親しいグループのトークが始まった		
② 部活や学校の要件のメッセージが来た		
③ 大事な友人からメッセージが来た		
④ 懐かしい友人からメッセージが来た		
⑤ よく遊んでいるゲームがしたくなった		
⑥ SNS（Twitter、Instagramなど）の通知が来た		
⑦ いつも視聴するSNSや動画が見たくなった		

問2 「使う」と○をつけたのはなぜか、理由を書きましょう。

「使う」に○をつけた番号	「使う」理由

問3 どうすれば課題を解決することができるのでしょう。

どうすれば解決できるのか（自分の意見）	どうすれば解決できるのか（みんなの意見）

①

ワークシート　　　　　　　　　　　　　　　　　　　　　　　　　　　　ネット依存とルール

問4　解決できた時のメリット（いいこと）を書きましょう。

問5　解決するために必要な環境、助けてくれる人、設定などを考えて書き出しましょう。

問6　これまでの自分の使い方の課題や傾向をふまえながら、スマートフォン、ネットと上手につきあうための、実現可能な自分の目標を書きましょう。

目標（時間や方法などを具体的に）

問7　今日の授業の感想を書きましょう。

振り返りシート

ネット依存とルール

▶ ネット依存とルール

年	組	番

氏名

1 スマートフォン、ネットと上手につきあうための自分の目標

決めた目標を 具体的に記述	
何のために目標を 決めたのですか 目的を書く	

2 何日間、実行しましたか。

3 目標に向けて実行できましたか。

　① ある程度実行できた　② 時々実行できない日があった　③ 実行できなかった

4 目標達成のために、難しいと思ったことを具体的に書きます。

5 難しいと思ったことはどのような工夫で解決できるでしょう。

6 上記をふまえ、今後の目標達成のために実行計画を立てましょう。

実践事例 ▶ 9

●中学校、高等学校

スマートフォンのポジティブな使い方

題材目標 インターネットを介したスマートフォンのコミュニケーションのポジティブな使い方、ネガティブな使い方の検討から、コミュニケーションに対する考え方や相手に対する配慮について理解する。また、ポジティブな利用について検討、発表をすることで、望ましいスマートフォン利用を意識できるようになる。

▶ この教材の目指すもの

　スマートフォンの急激な普及に伴い、学校現場では、主に危険性についての情報モラル教育が行われています。ゲーム、動画サイト、SNSの長時間利用によるネット依存、コミュニケーションアプリでのトラブル、ネット上の出会いなどに起因する福祉犯罪などの危険や怖い事例の伝達を通し、対策を指導する情報モラル教育が一般的でしょう。

　生徒は、このようなネガティブなスマートフォン利用に対する指導を何度も受けてきたため、指導者が求める返答を見抜いています。生徒が模範的な回答をできたとしても、実際には適切ではない利用をやめることはありません。「なぜ指導者はネガティブな指導をすることが多いのか」これまでの教育のあり方を生徒に検討させることで、情報モラル教育に関心を持たせます。そして、ポジティブな利用方法を検討します。この教材を筆者が実践した際には、生徒は自らポジティブな利用をするべきだと考える傾向へと変容がみられました。生徒は、日々インターネットを介した独自のコミュニケーションを行っています。その利用を止めるような指導は、生徒に対しては非現実的です。生徒の利用を受容し、ポジティブな利用について検討、発表をすることで、望ましいスマートフォン利用を意識づけることがこの教材のねらいです。

※この授業では、中学1年生に向けてプレゼンをするという実習が含まれます。もし、中学1年生にこの授業を実施しているのならば、来年入学する中学1年生に向けてのプレゼンであることを説明してください。
※プレゼンテーションに慣れていない生徒が対象ならば、プレゼンはつくらず発表のみにしてください。

資料ダウンロード用URL ▶
https://www.nipponhyojun.co.jp/johomoral/

授業の展開

1 導入

スライド01

今日はスマートフォンの便利な使い方について考えます。また、これまで受講してきたスマートフォンの利用について注意喚起する講習についても検討しましょう。
この授業では、インターネットを介したスマートフォンのコミュニケーションを、スマホ・コミュニケーションと呼びます。例えば、LINEなどのSNSやTwitter、E-mailなどのことを指しています。

2 展開

<1. スマホ・コミュニケーションの実態>

スマホ・コミュニケーションがなくなったらあなたは困りますか。

・友人間や部活の連絡などはLINE。使えなくなると困る。
・LINEで連絡する友人はリアルでも会えるから困らない。

スライド02

問1：スマホ・コミュニケーションはメリットとデメリットどちらが多いですか。理由も書きましょう。

 活動
自分の意見は黒、他者の意見は青で記入します。

 解答を板書

● メリット
・気軽に連絡や写真送付ができる。
・一度に連絡できるので部活連絡などしやすい。
● デメリット
・既読で返信がないと気になる。悪口を言われているのではないかと思う。
・返信ができないときに、相手がどのように思っているかが気になる。

デメリットを感じるという意見もありますが、便利さを実感し、メリットが多いと考える人が多いようです。

実践事例●9　スマートフォンのポジティブな使い方　75

<2. スマホ・コミュニケーション教育の実態>

 次にスマホ・コミュニケーションの指導に関する意見をききます。

これまで何度かスマホ・コミュニケーションの指導や教育を受けてきました。授業、生活指導、外部講師の講演などです。その内容を思い出しながら問いに答えてください。

スライド03

 問2：スマホ・コミュニケーションのこれまでの指導や授業は、ポジティブな授業、またはネガティブな授業どちらが多かったですか。
ポジティブな授業とは、スマホ・コミュニケーションのよい点を挙げ利用を促すような内容です。ネガティブな授業とは、よくない点を挙げ利用しないことを促すような内容です。

・ネガティブな授業や講演が多かった。

 ポジティブな授業や講演とは具体的にどのような内容でしたか。

・情報技術の発達により、人が便利に暮らしていることを情報（技術または公民）の授業で習った。

 ネガティブな授業や講演とは具体的にどのような内容でしたか。

・生活指導の先生は悪い使い方の話が多い。
・スマホを触っていると成績が下がると言われる。
・外部講師の講演はネットの怖さを強調していた。

 今までの授業や講演は、ネガティブな視点のものが多いようです。そのことを意識し次の問題を検討しましょう。

スライド04

 問3：スマホ・コミュニケーションの授業や講演はネガティブな内容が多いのはなぜでしょう。理由を書きましょう。

グループ活動
自分の意見は黒、他者の意見は青で記入します。

解答を板書
- ネット依存などスマホ利用が社会問題として取り上げられているから。
- スマホを禁止していれば勉強中にスマホを触らなくなるから。

　　スマートフォンは便利でありコミュニケーションを円滑にする仕組みがあります。しかし、メディアでは利用による社会問題を取り上げることが多く、学校でもネガティブな面を強調し指導する傾向にあります。不適切な利用をしてほしくないと考えるからです。
しかし、ポジティブな利用方法を検討することの方が、ネガティブな利用を減らせるのかもしれません。

<3. ポジティブなスマホ・コミュニケーション>

　　皆さんは、ネガティブな利用ではなく、ポジティブなスマホ・コミュニケーションを行っていると思います。それは、大切なコミュニケーションのツールだからです。これまでの経験に基づき、ポジティブな利用とはどういうものか理解できているからでしょう。

スライド05
3. ポジティブなスマホ・コミュニケーション
問4
ポジティブな視点の
スマホ・コミュニケーションの事例を
挙げてプレゼンで紹介してください。

　　問4：それでは、ポジティブな視点のスマホ・コミュニケーションの事例を挙げてプレゼンで発表してください。ネガティブな視点の事例は必要ありません。ポジティブな利用方法のみを発表してください。

スライド06
3. ポジティブなスマホ・コミュニケーション
（プレゼンの条件）
・スマホを持ったばかりの中学生に、スマホ・コミュニケーションの体験談を伝える発表を作成してください。
・中学生に向けて話すつもりでプレゼンをするようにしてください。

　　作成するプレゼンのテーマは「スマホデビューの中学1年生に、スマホ・コミュニケーションの体験談を伝える」です。「中学1年生に伝えるプレゼン」を心がけてください。では、プレゼン（発表）案を作成してください。

　　(1) プレゼンデザインにはスライドに記す内容を書きます。(2) プレゼンメモには話すことの概要を書きます。(3) 他者のプレゼンメモには他者の発表内容を書きます。

⌛ プレゼンを作る時間

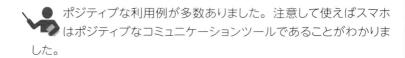

・約束に遅れそうな時すぐ連絡ができる。
・連絡が途絶えていた人と再びつながることができる。
・グループ機能を利用してたくさんの友人とも一度に情報共有ができる。

　ポジティブな利用例が多数ありました。注意して使えばスマホはポジティブなコミュニケーションツールであることがわかりました。

3 まとめ

スライド07

スマホ・コミュニケーションはどうしてもネガティブに教えられることが多い。

　スマホ・コミュニケーションについてまとめます。学校は、スマホ・コミュニケーションはネガティブな指導が多いのです。それは、深刻なトラブルに発展することもあるからです。しかし、スマホは便利で現代社会には欠かせないツールです。

スライド08

これだけ普及し、多くの者が持つようになったのはそれだけ役立つからだ。

　スマホの普及により、コミュニケーションのあり方は大きく変化しました。人は急激な変化についていけない時、違和感を示すことがあります。今の大人は子どもの時にこのようなコミュニケーションを経験していません。だから、違和感を示し、心配になります。しかし、皆さんのように多くの生徒はポジティブに利用しているのです。

スライド09

ぜひとも
スマホの便利な使い方を考えて活用をしていって欲しい。

ここがPOINT

　よって、ネガティブな視点ばかり扱うのはよくありません。スマートフォンの便利な使い方に目を向け、上手に活用しましょう。これからスマートフォンを持つ後輩にも、ポジティブな使い方を教えてください。その役割は年齢の近い皆さんの役割なのです。

ところで、トイレの「汚さないで」という標識は、最近は「キレイに使ってくれてありがとう」と表示されています。それはなぜか。その理由を考えて、この授業を行った理由を、感想とともに書いてください。

 考える時間 ・・

ここが **イナガキ**の ポイント

　　多くの生徒はこれまでに生活指導や外部講師などによる、ネガティブな情報モラル教育や指導を経験してきています。よって、この教材では、既存の情報モラル教育や指導を批判的に読み解き、ポジティブな使い方こそ意識すべきであると気づかせます。なぜネガティブな視点なのか、情報モラル教育はどのような意図で実践されているのかを検討します。ここから、情報モラル教育に関心を持ち、望ましい利用を促す必要性を知ることで、学習者自身の行動変容を目指します。そして、ルールとは「守らなければ悪いことが起きる」ではなく、「守ることによってよいことがある」と考えることで、実行したいという意欲につなげます。
　　「皆にとってポジティブな視点のほうが受け止めやすいのではないかと考えて、この授業はポジティブな視点で実施している」という、教員からのメッセージは、多くの生徒に伝わりやすいのです。
　　子どものインターネット利用に対し不安を持ち、危険な面を意識しがちな保護者も少なくありません。学習の意図を理解してもらうためにWebサイトの保護者用文書を配布し活用ください。

実践事例 ▶9　スマートフォンのポジティブな使い方　79

ワークシート　　スマートフォンのポジティブな使い方

スマホ・コミュニケーション ポジティブとネガティブ

年　　組　　番
氏名

問1 あなたにとってスマホなどを利用したインターネットのコミュニケーションはメリットとデメリットどちらが多いと思いますか?
① メリットが多い
② ややメリットが多い
③ ややデメリットが多い
④ デメリットが多い

・理由

問2 スマホ・コミュニケーションの授業や講演の内容はポジティブなものが多かったですか? ネガティブなものが多かったですか?
① ポジティブな授業や講演が多かった
② ネガティブな授業や講演が多かった

問3 スマホ・コミュニケーションの授業・講演はネガティブなものが多いようですが、それはなぜでしょうか?

・理由

ワークシート

スマートフォンのポジティブな使い方

問4　中学生に伝えるプレゼン

(1) プレゼンデザイン　　(2) プレゼンメモ　　(3) 他者のプレゼンメモ

授業への意見と感想

実践事例 ▶ 10

●中学校、高等学校

メッセージアプリによるコミュニケーション

題材目標 自分と他者は考え方が違うということを意識し、メッセージアプリによってコミュニケーションをとる際には、その点に注意することが必要であることを理解する。

▶ この教材の目指すもの

　他者とのコミュニケーションでは、自分と他者との意見の違いを認識することが大切であることに気づかせます。特にインターネット上でのコミュニケーションは、相手の声や表情がわからないため、他者との考え方の違いに気づかないことも多くあります。また、文字情報として証拠が残るコミュニケーションであるため、注意が必要であることを意識させます。

　授業者の解説はできる限り少なくし、生徒の意見や考え方が授業内で生かせるようにします。生徒はワークシートに書きながら自身の考えを振り返り、グループでの話し合いから他者との意見の違いを認識していきます。

　ワークシートは、自分の意見は黒、他者の意見は青で記述し、自分と他者の意見の違いを認識しやすくします。

▶ 事前の準備

・スライド資料を用意する。
・この教材は、生徒のアンケート結果が重要なポイントになる。下記のURLの実践事例10専用のアンケートを実施して集計しておく。項目ごとにグラフにすると明確で生徒はわかりやすい。

資料ダウンロード用URL ▶
https://www.nipponhyojun.co.jp/johomoral/

授業の展開

1 導入　5 min

スライド01

スマートフォンなどで利用することの多いアプリでのコミュニケーションについて、本授業で皆さんと一緒に検討をしていきます。

スライド02

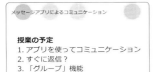

授業の流れです。本授業を通して、スマートフォンなどのアプリを通じて行うコミュニケーションについて考え、話し合うことで、人それぞれ考え方に違いがあることに気づいてもらうことも、目的の一つとなっています。

2 展開　35 min

スライド03

<1. アプリを使ってコミュニケーション>

友だちとコミュニケーションができるアプリというと何がすぐに思いつきますか。

発言を板書
- LINE
- Twitter
- Facebook
- メール
  □ スライドで事前にとったアンケート結果を抜粋し見せる。

この結果を見ると、LINEがもっとも多くの人に使われていることがわかります。

スライド04

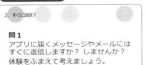

<2. すぐに返信?>

問1：アプリに届くメッセージやメールにはすぐに返信しますか。しませんか。体験を踏まえて考えましょう。

実践事例 ●10　メッセージアプリによるコミュニケーション

> **グループ活動**
> グループで話し合い、グループごとに代表が発表します。

> **発表を板書**
> ・部活動連絡などは返信がないと困るから早く返信をしている。
> ・「既読」になれば読んでいるとわかるから返信をしなくてもいい。
> ・親しい人から返信がないと不安になる。

スライド05

🗣 問2：返信をすぐ送る、すぐに送らないという判断を、相手がどのように感じているのか、考えてみましょう。

　□ アンケートの結果によって以下の説明は変化します。クラスの実態に合わせてください。

🗣 事前アンケートではすぐに返信をする人より、しない人のほうが多いようです。返信をしないことを悪いと思う人より、悪いと思わない人のほうが多く、既読がついても返信がないと不安に思う人より思わない人の方が多いです。この結果についてどう思いますか。

> **発言を板書**
> ・大切な内容なら直接伝えるので返信がなくても気にしない。
> ・すぐに返信をすることが礼儀だと思っているので残念だ。
> ・返信がないと相手を不愉快にさせたかもしれないと考える。

スライド06

<3.「グループ」機能>

🗣 メッセージアプリの「グループ機能」は、複数の人と会話、情報共有ができます。

🗣 問3：グループをつくることのメリットとデメリットは何ですか。なぜ複数のグループをつくるのだと考えますか。グループ機能は、どのようなトラブルや困ったことが考えられますか。

> **グループ活動**
> グループで話し合い、グループごとに代表が発表します。

> **発表を板書**
> ●メリット
> ・皆で話すと楽しいし、相談もしやすい。
> ・リアルで話すのと同じように交流できる。

●デメリット
・あまり好きではない人とも話さなければならない。
・誰かをはずしてグループをつくることで、その人に内緒で話ができる。
●トラブルや困ったこと
・自分の所属してないグループで話していることが気になる。

□ アンケートの結果によって以下の説明は変化します。クラスの実態に合わせてください。

事前アンケートの結果を見ると、グループ数は20〜30の人が多いことがわかります。半数以上の人が、特定の人が入っていないグループをつくっていました。自分が知らないだけで、あなたが入っていないグループもあるかもしれません。

スライドで事前にとったアンケート結果を見せる

グループの機能を利用したいじめでは、「グループはずし」と呼ばれるものがあります。1つ目は強制的にメンバーを退会させ仲間はずれにし、2つ目は特定の人を除いてグループをつくる方法です。1つ目の方法では、本人ははずされていることに気づきます。しかし、2つ目の方法では本人は気づきません。このような「グループはずし」についてあなたの意見を言いましょう。

発言を板書
・知らない間に自分抜きのグループがつくられていることは怖い。
・友達がグループからはずされたら嫌な気持ちになるが、どうすることもできない。
・強制的に退会させられるほうが嫌だ。知らないところでグループがつくられていても気にしない。

気づかないうちに自分の所属していないグループがつくられることは「いじめ」ですか。「いじめ」ではないですか。その理由も答えてください。

発言を板書
●いじめであるという意見
・知らないところで自分のことを話されるのは悪口である。
・自分が知らないところではずす行為は嫌な気分になる。
●いじめではないという意見
・自分が気づいていないならばそれでいい。
・悪口を言われていることも知らなければいじめではない。

実践事例 ◉10　メッセージアプリによるコミュニケーション

3 まとめ

スライド07

- メッセージの返信について。
- グループ機能について。
- 相手はあなたと「異なる考え方」の人かもしれない。

　メッセージの返信について振り返ります。アンケートでは、すぐに返信をしない人が多い結果となりました。しかし、すぐに返信をしていた人は、残念な気持ちにもなったと思います。このことから、人によって返信に対する考え方は違うということに気づいたと思います。返信の早さ遅さの認識は人により異なり、自分と同じようには受け止められていないことを意識しておかなければいけません。

　次に、メッセージアプリのグループ機能について振り返ります。グループはずしはいじめではないという意見が多数ありました。理由は「本人が気づいていないから」というものでした。しかし、気づいていなければ「いじめ」ではないのでしょうか。

　確かに、噂話や陰口は日常でもよくあります。しかし、噂が気になる人も、全く気にならない人もいます。ここでも、受け止め方は人によって違う、ということを意識することが大切なのです。そして、傍観することもいじめに加担していることになりませんか。アプリでは投稿内容はデータとして残るため、証拠になることも忘れてはいけません。

ここがPOINT

　また、アプリでコミュニケーションをとる機会が多い皆さんは、画面の向こう側には人がいるということも忘れてはいけません。その人は、あなたと「異なる考え方」の人である可能性も常に意識してほしいと思います。

　授業の感想を書いてください。

ここがイナガキのポイント

　生徒はこの授業を通して、一人ひとり考え方が異なるからこそ、コミュニケーションには注意が必要であることを理解します。問1でメッセージアプリの利用において自分のあり方を確認し、次に問2では自分と他者との違いを知ります。これらの段階を経て自分と他者ではメッセージアプリに対して考え方に違いがあることを気づかせることがこの授業のポイントです。

　気づきの少ない生徒にはグループの話し合いで、さらには、最後のまとめで気づきへとつなげてください。ワークシートで確認し、気づきの記述が少ない生徒には個別に伝えるなどフォローが必要です。Webサイトの保護者用文書も活用ください。

ワークシート　　　　　　　　　　　　　　　　　　　メッセージアプリによるコミュニケーション

▶ メッセージアプリによる コミュニケーション

年	組	番
氏名		

問1 アプリに届くメッセージやメールにはすぐに返信しますか。しませんか。体験を ふまえ考えましょう。

すぐに返信することが多い　　　すぐに返信しないことが多い

・理由

問2 返信をすぐ送る、すぐに送らないという判断を、相手がどのように感じているの か、考えてみましょう。

問3 グループをつくることのメリットとデメリットは何ですか。なぜ複数のグループを つくるのだと考えますか。グループ機能は、どのようなトラブルや困ったことが 考えられますか。

メリット	デメリット

・複数つくる理由

・考えられるトラブル

授業への意見と感想

▶付録
アンケート集

P.89
1・2年生保護者用

P.90
3・4年生児童用

P.91
5・6年生児童用

P.92・93
中学校・高等学校生徒用
（両面印刷をしてご使用ください）

実践事例2と**実践事例10**には専用のアンケートがあります。
下記URLからダウンロードしてご使用ください。
https://www.nipponhyojun.co.jp/johomoral/

▶ 1、2年生保護者の皆様へ
児童のインターネット利用に関するアンケート

学年
性別

この質問紙は、低学年のインターネット利用に関する調査で、学習に使用します。
結果が公表されることはありません。ご回答ご協力をお願いいたします。

1. ご家庭には、お子さんが日常的に利用できるインターネット接続機器がありますか。
   ① スマートフォン ② 携帯電話 ③ 音楽プレーヤー ④ タブレット端末
   ⑤ ゲーム機 ⑥ パソコン ⑦ その他ネットに接続できる機器（　　　　　　　　）

2. お子さんの一週間のインターネット（動画サイト視聴、ゲーム機など含む）の利用頻度に○をしてください。
   ① なし ② 週2日以内 ③ 週2～3日 ④ 週4～6日 ⑤ 毎日

3. お子さんの平日の平均的なインターネット（動画サイト視聴，ゲーム機など含む）の利用時間に○をしてください。
   ① なし ② 30分以下 ③ 30分～1時間 ④ 1時間～2時間
   ⑤ 2時間～3時間 ⑥ 3時間～4時間 ⑦ 4時間以上

4. お子さんと話をするのが好きですか。
   ① とてもそう思う ② そう思う ③ どちらかといえば思う ④ 思わない
   ⑤ まったく思わない

5. お子さんに小言を言うより褒めるほうが多いと思いますか。
   ① とてもそう思う ② そう思う ③ どちらかといえば思う ④ 思わない
   ⑤ まったく思わない

6. お子さんはゲーム、アニメ、子供向け番組のキャラクターの真似、模倣行動をしますか。
   ① とてもよく行う ② よく行う ③ どちらかといえば行う ④ 行わない
   ⑤ まったく行わない

7. その行動の中には、適切ではないと思われる行動が含まれますか（叩く、蹴るなど）。
   ① とてもある ② 少しある ③ ない

8. お子さんのインターネット利用目的は何ですか（複数回答可）。
   ① 動画視聴 ② ゲーム ③ インターネットサイト閲覧
   ④ 音楽 ⑤ 学習 ⑥ デジタル絵本など ⑦ プログラミング
   ⑧ SNS（LINEなど） ⑨ その他（　　　　　　　　　　　　　　　　）

9. お子さんがどのようなサイト、動画、ゲームを視聴しているか知ってますか。
   ① よく知っている ② 少し知っている ③ どちらかといえば知らない
   ④ まったく知らない

10. お子さんのゲーム機、インターネット利用のルールを決めていますか。
    ① 決めて守っている ② 決めているが守れないことが多い ③ 決めていない

11. ゲーム機ソフト、オンラインゲームには対象年齢区分があることを知っていますか。
    ① 知っている ② 聞いたことはあるがよく知らない ③ まったく知らない

12. お子さんのゲーム機、インターネット利用で困っていることがありますか。

▶ インターネットやゲームについての アンケート

3・4年生用

名前は書きません。
正直に書きましょう。

あてはまる番号に○をつけてください。

1. 学年は ＿＿＿＿＿＿学年　　　① 男子　　　② 女子

2. いつも使っているものに○をつけましょう。（当てはまるものすべてに○をつけてください）
① スマートフォン　　② ゲーム機　　③ 音楽プレーヤー
④ タブレット　　⑤ その他　　⑥ 持っていない

3. あなたはラインをしていますか。　　　　① はい　　② いいえ

4. オンラインゲームで毎日遊びますか。　　① はい　　② いいえ

5. インターネットで、動画サイトをよく見ますか。　① はい　　② いいえ

6. 家の人とインターネットの「使うときのきまり・ルール」を決めていますか。
① 決めていて守っている　　② 決めているが守れてない
③ きまりやルールはない

7. インターネットやゲーム、動画サイトを2時間いじょう見ることが多いですか。
① はい　　② いいえ　　③ 使っていない

8. インターネットやゲームで遊んでいる時、やめなさいと言われてもなかなかやめられませんか。
① はい　　② いいえ　　③ 使っていない

9. インターネットやゲーム、動画サイトをふとんやベッドの中でも見ることがありますか。
① はい　　② いいえ　　③ 使っていない

10. いつも、インターネットやゲーム、動画サイトのことが気になりますか。
① はい　　② いいえ　　③ 使っていない

11. インターネットやゲーム、動画サイトが見たくてイライラすることがありますか。
① はい　　② いいえ　　③ 使っていない

12. インターネットやスマートフォンを使っていて、悲しい気持ちになったことがあれば書いてください。

▶ インターネットの利用についての アンケート 5・6年生用

名前は書きません。

正直に書きましょう。

あてはまる番号に○をつけてください。

1. 学年は ＿＿＿＿＿ 学年　　　① 男子　　　② 女子

2. 自分だけのネット機器を持っていますか。（あてはまるものすべてに○をつけてください）
   ① スマートフォン　　② ゲーム機　　③ 音楽プレーヤー
   ④ タブレット　　　　⑤ その他　　　⑥ 持っていない

3. あなたはLINEをしていますか。　　　　　　　① はい　　② いいえ

4. オンラインゲームでよく遊びますか。　　　　　① はい　　② いいえ

5. インターネットや動画サイトで、動画をよく見ますか。　① はい　　② いいえ

6. 家の人とインターネットの「使うときのきまり・ルール」を決めていますか。
   ① 決めていて守っている　　　② 決めているが守れてない
   ③ 特にきまりやルールはない

7. ネットで知り合った人と交流したことがありますか。（あてはまるものすべてに○をしてください）
   ① ネット上で文字のやり取りをしたことがある　　② 名前、住所などを教えたことがある
   ③ 写真や動画を送ったことがある　　④ 会ったことがある　　⑤ 交流したことはない

あてはまると思う番号①～④のどれかに○をつけてください。

	質　問	あ る	少しある	あまりない	な い
8.	インターネットやゲームを、勉強中でも見たり使ったりすることがある	①	②	③	④
9.	インターネットで、友達や有名人の投こうを読むことが多い	①	②	③	④
10.	インターネットやゲームの利用が、夜11時をすぎる時がある	①	②	③	④
11.	インターネットやゲームを使い始めると、なかなかやめられない	①	②	③	④
12.	インターネットやゲームをふとんの中でも使うことがある	①	②	③	④
13.	ネットのメッセージやLINEなどに気がついたらすぐ返信をする	①	②	③	④
14.	使っていない時もインターネットやゲームのことが気になる	①	②	③	④
15.	インターネットやゲームを使っていない時、不安な気持ちになる	①	②	③	④

16. インターネットやスマートフォンの利用で、悲しい気持ちになったことがあれば書いてください。

▶ インターネットの利用に関する アンケート

あなたが回答した内容は個人の情報として他に知られることはありません。
無記名です。

次の項目について、あてはまるものを選び、その番号に○をつけてください。

1. あなたの学年、性別は ＿＿＿＿＿＿ 学年　　　① 男　　　② 女

2. あなたは部活動をしていますか。（引退した場合は以前の）
　① 運動部　　② 文化部　　③ していない

3. あなたは、自分だけのネット機器を持っていますか。（あてはまるものはすべて○をつけてください）
　① スマートフォン　　② ゲーム機　　③ 音楽プレーヤー
　④ タブレット　　⑤ その他　　⑥ 持っていない

4. あなたはLINEをしていますか。　　① はい　　② いいえ

5. LINEの友達登録数は
　① なし　　　　② 1〜20　　　③ 21〜50
　④ 51〜100　　⑤ 101〜200　⑥ 201〜

6. LINEのグループ数は
　① なし　　② 1〜5　　　③ 6〜10　　　④ 11〜20
　⑤ 21〜50　⑥ 51以上の場合は数を書いてください（　　　　　）

7. ツイッターに登録していますか。　　① 登録している　　② 登録していない

8. ツイッターの登録アカウント数は
　① なし　　② 1　　③ 2〜5　　④ 6〜

9. ツイッターの鍵のかかったアカウント数は
　① なし　　② 1　　③ 2〜5　　④ 6〜

10. オンラインゲームでよく遊びますか。　　① はい　　② いいえ

11. インターネットや動画サイトで投稿動画をよく見ますか。　　① はい　　② いいえ

12. 保護者とインターネット利用の「使うときのきまり・ルール」を決めていますか。
　① 決めていて守っている　　② 決めているがあまり守れてない
　③ 特にきまりやルールはない

裏面へ続く

13. インターネット上での悪口や陰口について答えてください。（あてはまるものはすべて○をつけてください）

① 送られた経験がある ② 送った経験がある

③ 友達等で見たことがある ④ 見たことがない

14. ネット上で知り合った人と交流したことがありますか。（あてはまるものはすべて○をつけてください）

① ネット上の投稿、書き込みで交流 ② 個人情報を送ったことがある

③ 写真や動画を送ったことがある ④ 会ったことがある ⑤ 交流したことはない

以下の9つの項目について、最もあてはまる気持ちに○をつけてください。

	項 目	あてはまる	少しあてはまる	あまりあてはまらない	あてはまらない
15.	いつもネットやSNS、ゲームのことが頭から離れない	①	②	③	④
16.	ネットやスマートフォン、SNSを利用していないと不安になる	①	②	③	④
17.	ネットやスマートフォンが気になって他のことに集中できないことがある	①	②	③	④
18.	送ったメッセージの返信がこないと不安になる	①	②	③	④
19.	着信、返信、SNS通知が気になって何度も確認してしまう	①	②	③	④
20.	送ったメッセージの返信が来ないとイライラすることがある	①	②	③	④
21.	ずっと誰からも返信やSNS通知が送られて来ないと不安になる	①	②	③	④
22.	対面のコミュニケーションはネットのコミュニケーションより苦手だ	①	②	③	④
23.	ネットのコミュニケーションが増え、対面での対話を避けたくなっている	①	②	③	④

以下の9の項目について、最もあてはまる行動に○をつけてください。

	項 目	あてはまる	少しあてはまる	あまりあてはまらない	あてはまらない
24.	インターネットを使ってオンライン学習することがある	①	②	③	④
25.	SNS上の友人や有名人の投稿を読むことが多い	①	②	③	④
26.	SNS上に写真投稿や書き込みをすることが多い	①	②	③	④
27.	ネット、スマートフォン、SNS利用が深夜12時を超える時がある	①	②	③	④
28.	ネット、スマートフォン、SNSを使い始めるとなかなかやめられない	①	②	③	④
29.	メッセージ、SNSなどのやり取りが1時間以上続く時がある	①	②	③	④
30.	ネット、スマートフォンの利用時間が予定より長くなることがある	①	②	③	④
31.	人と会っている時も着信、メッセージ、SNS通知が来たら確認する	①	②	③	④
32.	着信、メッセージ、SNS通知などに気づいたらすぐ返信、応答する	①	②	③	④

33. あなたは自分がネットに依存していて問題だと感じていますか。

① はい ② いいえ

34. インターネット利用で困っていることがあれば具体的に書いてください。

ありがとうございました

参考文献

1. 玉田和恵・松田稔樹『「3種の知識」による情報モラル指導法の開発』『日本教育工学会論文誌』、28（2）、79-88（2004）[**序論**]

2. 玉田和恵・松田稔樹「教師が修得すべき情報モラル指導内容の検討」『Informatio：江戸川大学の情報教育と環境』、11、9-15（2014）[**序論**]

3. 中央教育審議会、初等中等教育分科会教育課程部会「次期学習指導要領等に向けたこれまでの審議のまとめについて（報告）」（2016）[**序論**]

4. 文部科学省『体系的な情報教育の実施に向けて（平成9年10月3日）（情報化の進展に対応した初等中等教育における情報教育の推進等に関する調査研究協力者会議「第1次報告」）』（1997）[**序論**]

5. 文部科学省『「教育の情報化に関する手引」について』（2010）[**序論**]

6. 前田康裕『まんがで知る教師の学び2-アクティブ・ラーニングとは何か』さくら社（2017）[**序論**]

7. 中橋雄『メディア・リテラシー論-ソーシャルメディア時代のメディア教育』北樹出版（2014）[**序論、実践事例6**]

8. 文部科学省、学習指導要領「生きる力」新学習指導要領（平成29年3月公示）[**序論、実践事例1〜10**]

9. 今度珠美「低学年における協働的な情報モラル教育とワークシート記述による保護者連携の実践」『学習情報研究』9月号、公益財団法人学習ソフトウェア情報研究センター（2016）[**実践事例1**]

10. 内閣府「低年齢層の子供のインターネット利用環境実態調査」（2017）[**実践事例1**]

11. TREND MICRO インターネットセキュリティナレッジ　is702「ファイルや端末を人質に脅迫!?スマホを狙う不正アプリの最新事情」（2016）[**実践事例2**]

12. 内閣府「平成28年度青少年のインターネット利用環境実態調査」（2017）[**実践事例3、4、5、6**]

13. 稲垣俊介・今度珠美「震災情報から考えるメディア・リテラシー教育の実践」『情報通信i-Net』第45号、数研出版（2016）[**実践事例6**]

14. 下村健一『10代からの情報キャッチボール入門-使えるメディア・リテラシー』岩波書店（2015）[**実践事例6**]

15. ベネッセ教育研究所「中高生のICT利用実態調査2014　報告書」（2014）[**実践事例7**]

16. 今度珠美・稲垣俊介「児童・生徒のコンテンツ依存とつながり依存についての考察」『指導と評価』3月号、日本教育評価研究会（2016）[**実践事例8**]

17. 鶴田利郎・山本裕子・野嶋栄一郎「高校生向けインターネット依存傾向測定尺度の開発」『日本教育工学会論文誌』37（4）、491-504、2014（2014）[**巻末アンケート**]

18. 文部科学省委託　情報モラル教育推進事業「情報モラルに関する指導の充実に資する調査研究」『情報化社会の新たな問題を考えるための教材〜安全なインターネットの使い方を考える〜指導の手引き』株式会社エフ・エー・ブイ（2016）

・本文中に記載されている製品などの名称は、各発売元または開発メーカーの商標または製品です。本文中には、©、TM、® などは明記していません。

■ おわりに

　「情報モラル教育は、なぜネガティブな視点の教材が多いのだろう」。2年前、筆者はそんな疑問を持ち、生徒にポジティブな利用を意識させるための授業を作りました。本書の実践事例9です。それが、共同での授業研究の始まりでした。2016年の熊本地震直後には、インターネット上に溢れる情報を見きわめてほしいとの願いを込め、実践事例6を作りました。被災地の学校の先生からは、「今まさに必要な学びです」と感想をいただきました。中学校でSNSいじめ事案が起きた時は、実践事例7を作成し、各地をまわり授業をしました。教職員研修、保護者研修でも実践し、SNS上のコミュニケーションの難しさを実感していただきました。目指したのは、今、目の前の課題に対し、子ども達が「何ができるようになるか」ということでした。そのために、共同研究の過程では何度も議論を重ねました。「手立てを与えすぎてはいけない」「結論は委ねよう」「ここはもう少し時間をかけ考えさせたい」。時には意見を対立させ、検討を繰り返し、悩んで悩んで、今度と稲垣が協働で作り上げた10の実践事例です。

　稲垣の授業実践中、ある女子生徒が言いました。

　「頭の痛い授業だ。」

　容易には答えの出せない学びにむかい、葛藤する姿がありました。「判断の難しい答えを探す旅に出て、考え続けてほしい、答えはあなたに委ねるから」と願いました。

　情報モラル教育は、子ども一人ひとりが主役となる学びです。一人ひとりの意見が生かされ、「違いが育まれ尊重される」学びです。これからも一人ひとりの考える力を引き出す授業を探求し続け、子ども達とともに、もっと葛藤し続けていこうと思います。

　教室のドアを開ける時、いつもとてもわくわくします。子ども達はどんな発見をしてくれるのだろうかと。本書がそんなわくわくのお手伝いに少しでも寄与できたら、とてもうれしいです。そんな願いを込めて、筆を置きたいと思います。

　本書は、これまでの実践をもとに作成しています。各地の授業実践でご協力ご助言をいただきました先生方、そして子ども達に心からお礼を申し上げます。

　本書を刊行するにあたり、日本標準の企画編集部の皆様に企画段階から編集作業まで何から何までお世話になりました。ここに深く感謝を申し上げます。

　そして、常に励まし支えてくださいました多くの皆様、ありがとうございました。

平成29年9月

今度　珠美

稲垣　俊介

著者・監修者プロフィール

今度珠美

　情報モラル教育アドバイザー。全国の小中高等学校で、年間150校を超える「情報モラル教育」「メディア・リテラシー教育」の授業を実施。教員研修や保護者講演会、企業研修等での講演のほか、学術誌への論文掲載、学会発表、一般誌や新聞等への掲載や寄稿も多数行っている。

　鳥取県情報教育サポーター、鳥取県教育センターいじめ問題スーパーバイザー、鳥取県差別事象検討小委員会委員、人権擁護委員（法務省）、情報モラル教育推進事業検討委員（文部科学省）、インターネット人権侵害への相談対応等、多岐にわたって活動している。また、鳥取大学大学院教育学修士課程にて、情報教育について研究を続けている。

稲垣俊介

　東京都立高等学校情報科主任教諭。学校現場で10年以上にわたって、「情報モラル教育」を実践するとともに、教員や保護者向けの講演を行っている。学術誌への論文掲載、学会発表、一般誌や新聞等への掲載や寄稿も多数行っており、また、高等学校の教科書「情報の科学」（日本文教出版）の執筆協力委員である。

　情報科（教科等）、情報教育（教育課程）の東京都教育委員会認定講師、東京都教育研究員、東京都情報教育研究開発委員会委員等の活動や、法教育推進協議会教材作成部会委員（法務省）等の活動も行っている。また、東北大学大学院博士後期課程にて、情報教育について研究を続けている。

原克彦（目白大学教授）

　兵庫県公立学校事務職員、兵庫県尼崎市立小学校教諭、尼崎市教育委員会指導主事、鳴門教育大学学校教育研究センター客員研究員、園田学園女子大学助教授等を経て、現在、目白大学社会学部メディア表現学科教授同教育研究所所長。

　小学校段階からの情報教育の教材開発、発達段階に応じた情報モラルの指導法等を研究テーマとしている。

　日本教育工学協会常任理事、情報ネットワーク教育活用研究協議会理事、学習ソフトウェア情報教育センター理事のほか、文部科学省委託事業委員長等も務めた。

前田康裕（熊本大学教職大学院准教授）

　公立小中学校教諭、熊本大学教育学部附属小学校教諭、熊本市教育センター指導主事、熊本市立向山小学校教頭を経て、現在、熊本大学教職大学院准教授。

　主な著書は、『まんがで知る教師の学び』（さくら社）、『まんがで知る教師の学び2』（さくら社）、『まんがで知る授業の法則』（学芸みらい社）、『「なんで学級経営がうまくいかないのか」を解決する法則』（東京教育技術研究所）等多数。

編集協力

カバーデザイン ● トップスタジオデザイン室（轟木 亜紀子）
本文デザイン ● トップスタジオデザイン室（徳田 久美）
イラスト ● 前田康裕
DTP ● 株式会社トップスタジオ

スマホ世代の子どものための　主体的・対話的で深い学びにむかう
情報モラルの授業

2017年10月1日　初版第1刷発行

著　者　今度珠美・稲垣俊介
監　修　原克彦・前田康裕
発行者　伊藤潔
発行所　株式会社日本標準
　　　　〒167-0052　東京都杉並区南荻窪3-31-18
　　　　TEL：03-3334-2640［編集］
　　　　　　　03-3334-2620［営業］
　　　　URL：http://www.nipponhyojun.co.jp/

印刷・製本　株式会社リーブルテック

ISBN978-4-8208-0625-7 C3037 ／ Printed in Japan